le vif du sujet

collection dirigée par
Jane Sctrick

LA MAISON DE JACOB

SYLVIE COURTINE-DENAMY

LA MAISON DE JACOB

LA LANGUE POUR SEULE PATRIE

récit

Préface de
JULIA KRISTEVA

PHÉBUS

Ce livre a bénéficié d'une Mission Stendhal : qu'Yves Mabin soit remercié pour le beau voyage au pays de *Sefarad*.

L'auteur remercie également le Centre de documentation juive contemporaine, les Archives de France, et les Archives diocésaines de Cuenca qui ont rendu ce travail possible.

Enfin, sa gratitude va à tous les membres de cette grande famille dispersée de par le monde qui ont bien voulu partager avec elle leurs souvenirs : Allegra Yeroham-Akşiote (Mexico), Jo Cuenca (Cali), Beky Kohen-Roza (Jérusalem), Klara Gabay-Maillard (Paris), Sultana Gabay-Barzilay, la regrettée Flora Salti-Behar (Fort-Lauderdale), Robert Frances (Paris), Rita Vradjali-Fisher (New York), Tico Vradjali-Barzilay (Haïfa), Rita Houlon-Jaulus (San Francisco), Gloria Behar-Gottsegen (Boca Raton), Viviane Cuenca-Azcarate (Houston), Buby Frances (Paris), Jacques Policar (Paris), Hemo et Jacquita Pappo (Paris), Moïse et Rita Kohen (Paris), Claude Saporta (Marseille), Hélène Kaufman-Cuenca (Paris), Solly Benador-Hatem (Istanbul) et à la première d'entre tous qui les lui fit retrouver, Rita Frances-Bacon (Saint Cloud).

Illustration de couverture :
Photo (détail) :
Esther (Rozika) Gabay à Notre-Dame-de-Sion (Pangalti), 1928
Archives de l'auteur.

LES LANGUES POUR SEULE PATRIE

Ma chère Sylvie,

J'ai reçu le manuscrit de ton dernier livre comme une fraîche averse de printemps. Cette impression te paraîtra sans doute paradoxale, car ton texte est plein de douleur, traversé qu'il est par une longue mémoire d'exil, depuis la ville de Cuenca en Espagne – dont ta famille paternelle est originaire, et qui a connu les pogroms dès 1388 –, jusqu'à aujourd'hui. Il est tissé de souvenirs d'épreuves, d'échos de l'Inquisition et des camps de la mort, de spectres d'hôpitaux et de maladies, et de drames en tous genres. Quand tu m'en parlais, à l'occasion d'un déjeuner à Jussieu ou à Montparnasse, ta peine m'emportait et je m'assombrissais au point de perdre le fil de ce que la philosophe en toi me disait, dans la foulée, de Hannah Arendt ou de tes « Trois Femmes dans de sombres temps ». Mais dans ton écrit j'ai trouvé la distance de l'histoire et la proximité de ton dialogue avec tes proches, qui m'ont apaisée, revivifiée même.

Historienne, tu m'as appris des détails que j'ignorais sur cette communauté séfarade, que j'ai pourtant bien connue dans ma Bulgarie natale, sur les persécutions dont elle a été la victime, et sur son extraordinaire endurance. Extraordinaire n'est d'ailleurs pas le mot car, au contraire, et tout ton livre en porte la trace, ce peuple juif dont tu refais le trajet, qui a fui l'Inquisition, qui a traversé l'Europe jusqu'aux Balkans, arpenté la Turquie avant de revenir, comme l'ont fait tes parents, en France, respire une simplicité qui sait apprivoiser l'ordinaire précisément, pour s'en réjouir et le transmettre. Tu demeures sensible à ce don de simplicité quotidienne, dans ton souci de te souvenir : « Zakhor ! »

Cette mémoire que tu es allée puiser chez les historiens et dans les archives s'anime par ta façon de tutoyer les générations qui t'ont précédée, jusqu'à abba *et* ima, *naturellement. Le monologue que tu leur adresses commande au temps de se resserrer en un instant indéfini, et cette familiarité de l'instant fait de la lectrice que je suis la contemporaine d'une longue lignée qui, par l'artifice de ton tutoiement, transforme tes ancêtres en mes contemporains. Une certaine vie, la vie de ton amour pour eux, se fait donc contagieuse. Et, sans oublier leur tragédie, j'emprunte aux tiens une vitalité qui est leur permanence en toi, qui s'incarne dans le mot* tu *lorsqu'il vient sous ta plume, appelant un arrière-grand-père ou une tante disparus dans l'Holocauste, ou quelque part entre Varna, Saloniki et Constantinople.*

C'est alors que l'averse de ton texte, qui surprend et inquiète, se transforme en une pluie de fraîcheur, en une intimité qui revigore. Et je n'oublie pas les parfums d'Orient qui saturent ton histoire, au point de s'imposer comme la véritable doublure de ce « judéo-espagnol » ou de ce « ladino » que tu chéris. Et je me demande, s'il est vrai que ton peuple n'a eu qu'un seul pays, la langue, et si c'est seulement grâce à cette langue qu'il a survécu, ou bien grâce au goût des mets et des senteurs qui la hantent, qui te hantent.

Ah, la maison de Jacob, ses paroles, ses nourritures, ses mélodies ! Je les ai connues, moi aussi, d'une autre façon, puisque ma grand-mère maternelle s'appelait Jécov, à la manière slave, et que je l'entends encore : « Ande ir en galut ? En las tyerras del Grande Turko »*;* « Aman, Aman, Aman ! »*;* « iman baïldi »*;* « Kukla mia, kokona »*, sans parler de Sabbataï Zevi, et j'en passe... Mais, dans le brassage religieux et ethnique des Balkans, et compte tenu de la tolérance sinon* *de l'amitié (ne rêvons pas!) que les Bulgares ont manifestée envers les Juifs, et que tu signales avec précision, ma famille était chrétienne; et moi-même, à tort ou à raison, après une éducation dans l'esprit des Lumières, je ne me sens plus aucune identité susceptible de se décliner en termes d'appartenance religieuse, ethnique ou nationale. Comme cet ironiste noir que fut Proust, j'essaie de ne pas* « en être », *il m'est déjà très difficile tout simplement d'*être. *Mais c'est une autre histoire, et ce n'est pas le moment de l'aborder : je ne t'en parle, tu le sais, qu'en termes de goût, quand il nous arrive de déguster ensemble un* kefte, *des* filas *ou des* malebis.

La maladie de ta mère, ce « dibuk *d'Esther* », *comme tu dis, et sa mort, qui déchire discrètement mais irrémédiablement les dernières pages de ton texte, me semblent à la source intime de ton écriture. J'imagine, mais ce n'est peut-être qu'une projection, que ce deuil t'a donné l'énergie nécessaire pour accomplir le testament, le zakhor! de Jacob, ton père. Mais là encore, je n'ai rien à te dire, et il te reste à continuer d'écrire la passion féminine, l'énigmatique lien fille-mère, tout en continuant à méditer, comme tu le fais déjà, sur la saga des grandes femmes juives qui, elles, ont réussi à transformer leur dibuk en un rayonnant accomplissement...*

Plutôt qu'à ces thèmes qui me bouleversent à la lecture de ton texte, c'est à une idée de ton livre que je voudrais m'arrêter brièvement, idée maîtresse, me semble-t-il, et que tu mets au fondement de cette diaspora séfarade, mais qui pourrait bien avoir des résonances au-delà de leur communauté spécifique : « la langue comme seule patrie ».

Qu'ils se nomment Cuenca, Coenca, Kohenka ou Denamy (pour ne rappeler que les patronymes de la michpaha *Cuenca, sans parler de ceux de la* michpaha *Gabay), qu'ils passent par Istanbul, Biarritz, Bordeaux ou Varna, ces dépaysés que sont tes ancêtres ont cependant un pays : leur langue, le judéo-espagnol, qui relève du castillan des* XIVe *et* XVe *siècles, et qui recueille les influences des langues avec lesquelles les populations juives migrantes se sont trouvées en contact (le grec, le turc, l'arabe, le français). Tu te plais à le rappeler et en donnes même un « glossaire » en fin de volume. Il s'agit, en somme, d'une langue archaïque et qui pourtant se développe au voisinage des autres*[1] *: elle sauvegarde la mémoire de l'Espagne d'avant l'Inquisition, celle d'Alphonse VIII par exemple, qui, en 1190, avait conféré aux Juifs les mêmes droits qu'aux chrétiens. Et, bien que ces ententes entre Juifs et chrétiens, qui existaient sur la terre d'Espagne en ces temps révolus, aient été moins idylliques qu'on n'a pu le prétendre (tu en donnes des preuves précises), il semblerait que la « fuite d'Espagne » ait préservé, dans la chambre obscure des mémoires, un « âge d'or », de bien-être qui se cristallise et se conserve dans la sauvegarde jalouse de cet ancien espagnol dont on a pourtant perdu le sol.*

Langue des Inquisiteurs, certes – on sait qu'un bourreau peut être un objet de fascination –, le judéo-espagnol est resté surtout une langue du bonheur domestique, de la réassurance du foyer, tout en miel et en épices. Le glossaire que tu en donnes en fournit la preuve : ce ne sont que termes alimentaires et sensuels, vocabulaire profane de sentiments quotidiens, de tendresse ou de colère, de reconnaissance, de liens, de rituels, de parenté. L'ethnie dans ce qu'elle a de maternel, de sensible, de pulsionnel et de passionnel s'y exprime – en doublure de l'exaltation religieuse pour la Loi du Père, peut-être en décalage avec cette loi, assurément en harmonie avec elle, et, pourquoi pas, en se reposant aussi de son exaltation sacrale, en l'oubliant même pour un temps. Le judéo-espagnol serait-il une langue du temps sensible, en contrepoint de la langue conçue et pratiquée comme un code symbolique, comme l'instance de la Loi et de l'Interdit? « Ce n'est tout de même pas la langue allemande qui est devenue folle[2] *! » s'exclamait Hannah Arendt après Auschwitz, déniant ainsi une question qui, très*

1. Le beau livre de Haïm Vidal Sephiha, *L'Agonie des judéo-espagnols*, Éditions Entente, 1977, apprend l'essentiel à ceux qui voudraient en avoir une vision globale et découvrir les efforts modernes faits pour le consolider.

2. Hannah Arendt, « Seule demeure la langue maternelle », *La Tradition cachée*, C. Bourgois, 1987, réédition 10/18, 1997.

vraisemblablement, faisait plus que la tourmenter. Formulation impossible à destination du judéo-espagnol : parce qu'il remonte à un castillan ancien, bien éloigné du moderne franquisme ; et peut-être surtout parce que sa sensualité, repliée dans les bouches et les liens familiaux, le tient à l'écart de l'Histoire qui sévit alentour.

Tout différent est le yiddish. Sous l'empire de l'allemand et à proximité des langues slaves, dans l'aura du romantisme qui consacra le culte du langage comme divinité moderne et, partant, comme « demeure de l'être », il sut créer une littérature orale mais aussi écrite exceptionnelle, dans laquelle se sont reconnus les meilleurs écrivains modernes d'origine juive, de Kafka à Philip Roth. Le judéo-espagnol, cette « seule patrie », dis-tu, semble au contraire se recueillir – modestement? fièrement? – dans le monde des sens et l'univers de la parenté. Un folklore captivant, une presse engagée continuent d'en perpétuer les valeurs, mais tu crains que cette saveur ne se perde ; qu'avec cette langue qui est un goût, disparaissent non seulement la mémoire des tiens mais aussi un des destins du judaïsme, sa diaspora européenne qui a su traverser les horreurs de l'antisémitisme pour se nourrir à un certain bonheur de vivre caractéristique, tout compte fait, des sudistes, et des Européens du Sud en particulier.

J'ai mieux compris je crois, entre les lignes de ton récit, la « folle » ambition d'Eliézer Ben-Yéhouda d'imposer l'hébreu en Israël, ainsi que l'angoisse de Gershom Scholem face à ce projet. Dans son livre Le Rêve traversé[1], *Ben-Yéhouda raconte, tu t'en souviens, comment, vingt ans avant que Herzl ne découvre le « problème juif », il décida de s'installer à Jérusalem avec pour unique objectif la résurrection de l'hébreu. Au risque de sacrifier femme et enfants à cette noble et contestable cause, et non sans s'attirer d'emblée la colère des religieux orthodoxes, il parvint à imposer la langue des textes sacrés comme langue courante, langue profane de tous les jours, qu'on a le droit de parler même avec son chien ! En dé-fondamentalisant ainsi*

1. Desclée de Brouwer,1998.

l'hébreu, en en faisant une langue nationale, Ben-Yéhouda créa le fait national juif, plus que ne le firent peut-être les sionistes politiques. Comme l'a écrit Gérard Haddad, reprenant Lacan, Ben-Yéhouda a fait de l'hébreu la métaphore paternelle qui manquait aux citoyens d'Israël; il a fondé en chacun le symbole de Yahvé – puisque l'hébreu a réalisé dans le quotidien même de la vie du pays le Nom-du-Père que célèbre la Bible. S'il est vrai qu'aucun des problèmes de l'État juif n'est encore réglé à l'heure actuelle, tant la crise au Proche-Orient s'éternise, l'hébreu (contrairement aux craintes de Herzl) est bel et bien le *problème résolu, puisqu'il est définitivement la langue des Juifs d'Israël, comme d'un nombre croissant de ceux de la diaspora.*

Il ne faudrait pas sous-estimer toutefois l'inquiétude de Scholem, formulée il est vrai en 1926, époque révolue et bien incertaine, qui s'interroge sur cette « actualisation » de la langue hébraïque : « grosse de catastrophes », redoute-t-il, parce que composée de « termes religieux employés sans discernement », « rudimentaire, quasi fantomatique », « sans tradition ». Scholem songe à la tradition du « dit », à celle de la « Voix », qu'il souhaite « entendre de nouveau », et compte pour cela sur les forces d'« une jeunesse capable de faire face à la révolte d'une langue sacrée ». Il craignait que l'« imitation grossière » de la langue sacrée par une langue purement utilitaire ne détruise le sens symbolique qui constitue le fond inconscient du langage et de la culture elle-même, exprimée à travers lui. J'aime à imaginer aussi que Scholem désirait insuffler à un hébreu devenu désormais utilitaire, tout en restant au début encore trop livresque ou sacral, la vivacité du « dit », tel qu'on l'entend dans la poésie allemande dont Scholem était lui-même nourri, ou encore dans le yiddish ou le judéo-espagnol... Et il prophétise que, si un jour la « tradition » refoulée venait à se réveiller, elle prendrait l'aspect d'une explosion immaîtrisable des forces religieuses[1].

1. Cf. Stéphane Moses, *L'Ange de l'histoire*, chap. 9, « Langage et sécularisation », Le Seuil, Paris, 1992.

L'hébreu s'est bel et bien imposé comme une langue de culture moderne autant que religieuse, malgré les craintes du grand penseur, sans pour autant que ses mises en garde aient perdu leur signification. Mais c'est le développement réel de la démocratie israélienne, avec ses conflits et les apports des différentes communautés d'immigrants porteurs de leurs propres traditions linguistiques et culturelles, qui pourra un jour harmoniser le mélange, en effet explosif, de sacré et de profane que comporte l'hébreu, et qui impressionnait Scholem.

Le destin du judéo-espagnol est tout autre. Marginalisé, voire menacé d'oubli – un oubli qui risque d'emporter jusqu'à l'histoire de tous ceux qui l'ont parlé, et contre lequel tu te dresses, Sylvie, avec ce devoir de mémoire que t'a légué ton père. Il s'agit de ne pas oublier ce que l'Europe a vécu, comment elle s'est constituée telle qu'elle est aujourd'hui, avec ce qu'elle a fait subir à ceux qui étaient partie intégrante de sa culture, de son économie, de ses richesses, de ses progrès, de ses sensations, de ses goûts, de ses langues.

Un autre visage du judaïsme se dessine ainsi, dans ton récit, qui n'occupe pas l'avant-scène de l'actualité politique, mais qui n'est peut-être pas moins gros de promesses. Tu attires l'attention sur le judaïsme de la diaspora, notamment séfarade, qui a opté pour une dichotomie : l'hébreu d'un côté, langue sacrée ; le judéo-espagnol de l'autre, langue sensible. Faute de grandes réalisations littéraires dans cette dernière – Elias Canetti, né en Bulgarie de parents judéo-espagnols, est un écrivain britannique de langue allemande –, ce sont les idéaux des Lumières françaises qui ont fait fonction de « signifiant paternel », de « loi symbolique » pour beaucoup de ceux qui appartenaient au pays du djudezmo. *Les nouvelles sciences et techniques, les recherches de pointe, les avant-gardes esthétiques, en passant par la psychanalyse et jusqu'aux idéologies révolutionnaires du* XX*e* *siècle ont attiré leurs élans. Mais ils réalisent de préférence leurs émotions dans les proverbes, les contes, les* romansas. *Moins directement confrontés au nazisme, que subirent de plein fouet les ashkénazes, ce sont les variantes méridionales, plus* *sournoises, du totalitarisme, qui déciment les séfarades. La culture laïcisée n'en exerce pas moins son charme libérateur. La France – terre d'asile –, le français – port de refuge du judéo-espagnol –, les « droits de l'homme » en échange de la Bible? Combien d'espoirs, et combien de cruelles déceptions, avec Vichy et Drancy pour finir, ton* abba *en savait quelque chose : « Zakhor ! »*

Quand tout cela aura été dit, quand la « repentance » et le « devoir de mémoire » cesseront d'être des vœux pieux pour s'intégrer à la réalité – oh, je sais, peu à peu et avec toutes les limites possibles et imaginables que cela suppose ! –, peut-être pourra-t-on repenser à neuf cette diaspora séfarade qui a eu « pour seul pays la langue ». Ni le sol, ni le sang, ni la foi. L'Europe, qu'on essaie de construire avec tant de difficultés, pourrait-elle être son horizon, et ses langues, au pluriel, notre seul pays?

Je dis « notre », parce que dans la citoyenneté européenne qui se dessine, et avant que nous ne soyons globalisés par l'anglais-américain, ne sommes-nous pas tous des originaires d'une langue (mettons le français) qui migrent dans d'autres langues (l'anglais, l'espagnol, l'italien, l'allemand, le russe, le suédois...)? Ce n'est plus l'Inquisition ni le nazisme qui nous chassent de nos foyers, mais les besoins de la technique qui nous forcent à traverser les frontières, quand ils ne nous font pas aimer ce nomadisme. Nous croyons, pour la première fois dans l'Histoire, que l'humanité ne se définit pas par son habitat, ou très peu. Les Juifs de la diaspora n'avaient-ils pas déjà ouvert la voie? Comme eux, nous conservons néanmoins une langue sensible, code maternel et gustatif de nos palais enfantins, pour greffer sur elle des éléments glanés çà et là, tout au long de nos voyages.

Quel sera dès lors le « signifiant paternel » de cette nouvelle errance, qui aura vocation de la stabiliser, de lui donner son sens ; ou bien, enfin et plutôt, de l'ouvrir à des interrogations sans fin? L'hébreu? le code de la science? la psychanalyse? la philosophie des droits de l'homme? La question reste ouverte… sur des abîmes.

Mais il semble bien qu'une humanité polyphonique se soit déjà mise en route, et qu'elle n'ait pas qu'une seule langue. Elle sera plus dé-paysée que tes ancêtres lovés dans leur ladino stéréo en judéo-espagnol, pour le meilleur et souvent pour le pire. Rien n'empêche d'espérer, pourtant, que cela puisse se passer aussi pour le meilleur. Car la langue que je parle détermine ma façon de sentir et d'interroger ; et s'il est vrai que mon exil est ma tragédie, il est aussi une bénédiction puisqu'il aiguise et multiplie ma perception et mes questions. Il me reste à persuader les autres qui m'entourent, et qui ne partagent pas encore ce destin, de se risquer eux aussi dans des errances, d'entendre à leur tour les polyphonies. On aura alors et enfin fait l'Europe : celle qui n'oublie pas qu'elle a accueilli, pourchassé, tué, fasciné les Cuenca et les Gabay, mais qui se souvient d'eux, en rendant hommage à la complexité de leur expérience, et en se bonifiant de l'espoir qu'ils avaient placé en elle. C'est le plus dur, cela reste à faire. Merci, ma chère Sylvie, d'avoir ouvert à ta façon ces questions.

JULIA KRISTEVA

Para Yacob i Esterika

Tous les chagrins sont supportables
si on en fait un conte ou si on les raconte.

ISAK DINESEN

I

AU PAYS DE SEFARAD

… de donde fuymos echados,
y en malo modo.

« L'Espagne… d'où nous avons été chassés,
et de très mauvaise manière. »

E. MORIN, *Vidal et les siens*

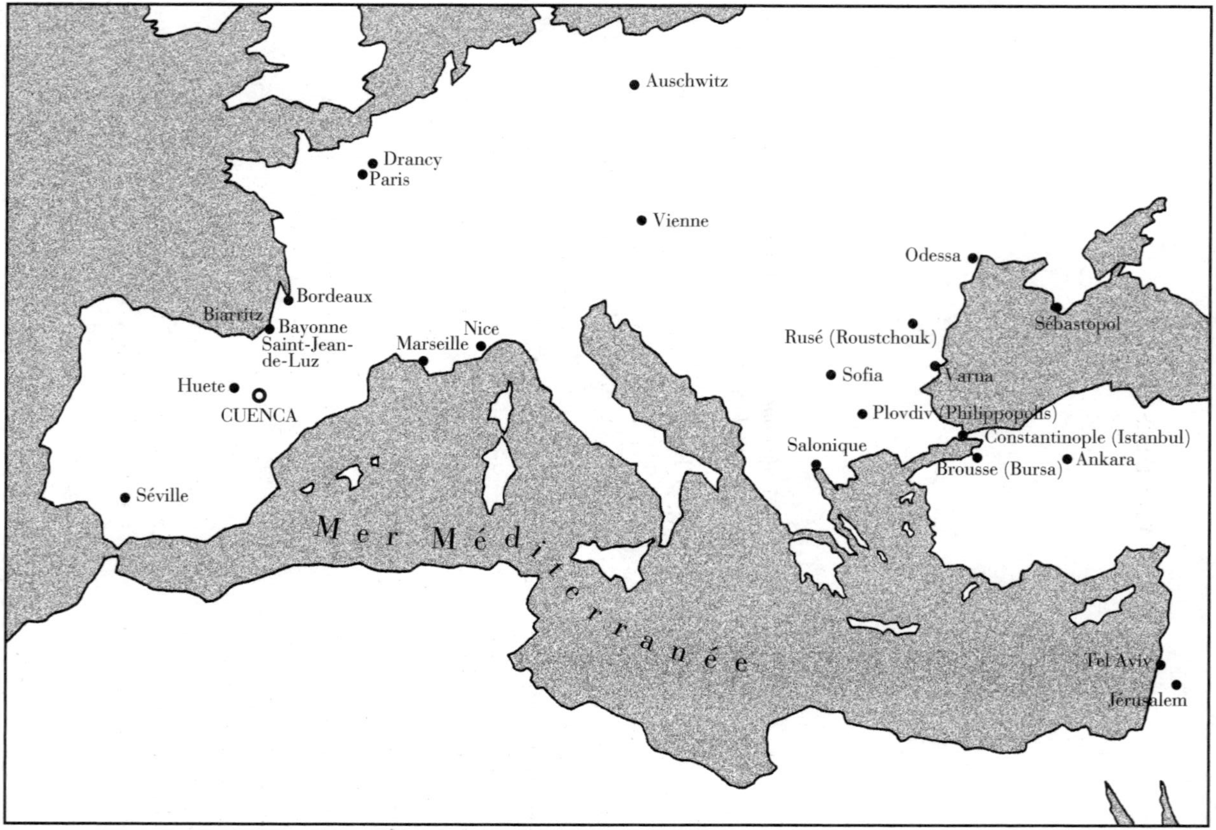

Itinéraires d'une diaspora sépharade

1

« ZAKHOR * ! »

Je ne parvenais pas à effacer de ma mémoire la dernière image de mes parents gisant dans leur bière. Tous deux étaient morts à l'hôpital. *Ima*, malade, avait refusé d'accompagner son propre mari pour son dernier séjour, me laissant affronter seule cet événement terrible, l'enterrement du père. Tôt le matin, je me présentai à la morgue de Pontoise. Je n'avais pas embrassé mon père pour la dernière fois, ayant encore dans l'oreille la recommandation : « Évite tout contact rapproché. » L'employé m'avait demandé : « Voulez-vous le voir ? » Je m'étais avancée. On avait soulevé le couvercle. J'avais reconnu *abba*, figé, les poils dépassant du nez, les ongles trop longs, dans son beau costume rayé marron de *Chez Charles*, son tailleur grec des Champs-Élysées. On m'empêcha de prendre place à côté du cercueil dans le fourgon funèbre qui nous amenait au cimetière de Pantin, aussi dus-je m'installer aux côtés du chauffeur, qui cherchait à me distraire dans les embouteillages. Je craignais d'être en retard. Quelques années plus tard, je m'avancerais également vers le corps de ma mère morte. Bonnet d'angora blanc enfoncé sur le crâne, mains nouées dans un spasme, qui donc pour la dernière fois avait toiletté le corps bleui d'ima ?

* Les termes étrangers sont regroupés dans le glossaire en fin de volume.

La vida es un pasaje
Por ganar avantaje
La muerte es un viaje
Al mundo de la verdad[1].

« La vie est un passage
Dont on cherche à profiter.
La mort est un voyage
Au monde de la vérité. »

Jacob fut donc le premier à m'abandonner. D'abord je ne voulus pas y croire, mais j'eus beau crier, crier aussi fort que Shifrah Leah lorsque Alter, son mari, mourut, je ne réussis pourtant pas comme elle à le rappeler au monde des vivants[2]. Tous ces mots de tendresse que je n'entendrais plus, ce chaud regard quand j'apparaissais, ce besoin de me toucher, ces baisers fous, un *modrisko.*

Jacob et moi nous ressemblions. Quand j'étais petite, les gens riaient de nous voir ensemble, si semblables, « le portrait craché de son père ». Jacob se disait flatté, j'étais fière, ima se montrait dépitée : « Elle n'a rien de moi. » « C'est une Cuenca, renchérissait Jacob, le portrait de Régine. » Régine, ta sœur chérie, *Rejinika de bonbon*, la douce et pétulante tante d'Amérique aux valises bourrées de disques, d'autographes de Paul Anka. Tu étais pour moi, Jacob, exotique : ton accent invraisemblable lorsque tu t'efforçais de rouler les r pour paraître « plus français » ! Petite, j'admirais ton assurance, ton savoir-faire : partout où nous passions, tu savais te faire entendre. Tes souvenirs étaient pour moi enchanteurs, les noms que tu prononçais magiques : Istanbul, Ankara, Prenkipo, Büyük Ada, Bursa, Philippopolis, Varna, Sofia, Galata, Vienne, Leipzig, Hambourg, Hinterzarten… Cette chanson que nous avions enregistrée ensemble sur le magnétophone – c'était avant la télévision – d'Eddie Constantine et de sa fille : « Dis, monsieur, beau monsieur, est-ce que la terre est ronde ?... » Ta façon d'entrer dans un bar, de t'emparer du micro : *Besame, besame mucho* ; *Qué buenitos ojos tienes* ; *Strangers in the Night*. Ces chansons à trois pendant nos voyages. Nous n'irons plus rejoindre cousin Salomon sur les banquettes de moleskine rouge des *Diamantaires*, nous régaler d'*iman baïldi*.

Se fue mi viejo, el mundo se lo yevo
I agora el viejo soy yo.

« Mon vieux est parti, le monde me l'a enlevé
Et maintenant c'est moi qui suis vieux. »

Depuis la mort des parents, depuis que j'étais devenue orpheline, je m'étais imposé un devoir de mémoire. Zakhor, m'avait d'ailleurs recommandé Jacob, souviens-toi, sans autre explication ! J'avais conscience de n'avoir retenu que des bribes insuffisantes de l'histoire de ma famille. J'avais attendu que vous mouriez pour hanter les lieux de votre enfance, pour m'approprier vos souvenirs. Il est vrai, abba, que tu avais toujours refusé de me faire connaître la Turquie, votre pays natal, tant tu lui gardais rancune de ta déportation au camp d'Aşkale en Anatolie, où tu fus affecté deux années consécutives à la construction des routes. Tel était en effet le sort réservé à ceux qui n'avaient pas pu acquitter sous quinze jours le *varlik vergisi*, impôt sur le capital, décrété le 16 novembre 1942, appliqué à partir de janvier 1943 et qui taxait les Juifs à 179 % de leur revenu annuel[3] !

N'oublie jamais... mais quoi ? Que tu es juive. Toujours se présenter, s'exposer. A la croix, à la Vierge Marie qui pend autour du cou, très tôt je voulus opposer la *mezuza*, le petit cylindre qui renferme les tables de la Loi, ma judéité. Pourtant, j'avais souffert le martyre quand « Napoléon » – surnom donné à une surveillante générale tonitruant au second étage de mon beau lycée aéré et fleurant bon la cire – hurlait dans la classe : « Anna, Sara... M. le rabbin vous attend ! » et que nous devions obtempérer sous l'œil goguenard de nos camarades qui, elles, feraient leur communion solennelle dans cette belle robe blanche que nous ne revêtirions jamais. Du cours d'hébreu, je ne retins que les coloriages d'un petit livre qui se lisait étrangement de droite à gauche, qu'une seule parole, *ima baa*, « maman vient ». Du rabbin, que le souvenir d'un être falot qui m'avait pourtant renvoyée lorsque insolente je le narguais : « Chez nous, on mange des sandwiches au jambon ! »

Zakhor, n'oublie jamais... Mais quoi alors ? Le *Shema Israël* que prononçaient gravement le père et parfois la mère lorsqu'ils prenaient l'avion en portant la mezuza à leurs lèvres ? Le folklore joyeux des ripailles qui suivaient le jour du Grand Pardon qu'ima s'était mise à observer à la mort de son père ? Longtemps, petite fille, je m'étais sentie humiliée lorsque venait mon tour de baiser la main fine et décharnée du patriarche – Merkado, mon papou – qui me bénissait en retour dans une langue que je m'étais refusée à entendre et qui me manquerait toujours dorénavant.

Zakhor, n'oublie jamais ! Mais quoi au juste ? Du rituel judaïque, je n'avais pas voulu retenir autre chose que ces souvenirs gastronomiques, ces quelques cérémonies familiales qui nous entraînaient au « temple » de la Victoire ou, plus familièrement, à l'ENIO, l'École normale israélite orientale, que fréquentaient les grands-parents Gabay.

Se souvenir, mais de quoi ? La famille pouvait-elle s'enorgueillir de quelque héros, de quelque résistant ? Avions-nous quelque martyr à pleurer ? Ima, lycéenne à Molière, avait-elle dû endosser un beau matin sa vareuse avec, cousue au revers, l'étoile jaune, et sur son front sa honte de jeune fille « pas comme les autres »? Se souvenir...

Pourtant, à ma manière, j'avais intégré le commandement. A dix ans, en sixième, j'avais été brutalement confrontée à sa signification lorsque Dédé, fillette aux longues tresses noires, avait lancé à la figure de celle qui devait devenir mon amie – mais je ne le savais pas encore – la parole infâme : « sale petite juive ». Anna avait blêmi, muette. Je m'étais alors pendue aux nattes de Dédé en tirant très fort, en criant très fort. De cet épisode, je n'avais soufflé mot à la maison. Anna elle, s'était confiée. Le père d'Anna avait voulu rencontrer la petite juive courageuse. Une amitié était née.

Zakhor : « nous étions une grande famille, nous sommes aujourd'hui dispersés », m'écrivit Beky, une cousine d'ima, émigrée à Jérusalem, la mémoire des Avigdor, alors que je m'évertuais à reconstituer le puzzle de l'arbre généalogique. J'avais pour ma part été « conçue en eaux territoriales françaises », et je naquis au très sélect Hôpital américain de Neuilly. Pourtant, mes parents changèrent de nom, pour me protéger, m'assurèrent-ils, d'un nouveau déluge. Abba m'avait raconté que *Coenca*, devenu *Kohenka* par les hasards de la turquisation, renvoyait en fait à la ville castillane de Cuenca, dont aurait été originaire notre famille avant l'expulsion d'Espagne. Il ne m'avait pas remis la clé de « notre » maison d'Espagne : parce que je n'étais pas le Francis attendu ? L'avait-il lui-même égarée ? Ne lui avait-elle pas été conservée ? Ignorait-il cette tradition ?

Je décidai néanmoins d'entreprendre le voyage vers la Castille de mes ancêtres. Luisito, un peintre de mes amis, me présenta à son tour l'un des siens, Fernando, alors maire de

Cuenca, et qui avait fondé l'un des plus beaux musées d'art moderne d'Espagne.

– *Como te llamas?* me demanda Fernando.

– *Me llamo Cuenca.*

Fernando parut très ému, et me quitta en hâte, m'assurant qu'il reviendrait bientôt.

Alanguie par la chaleur, contemplant du haut de la tour Mangana les méandres du Huecar serpentant aux pieds de la ville moderne de Cuenca, la « Lettre du Cosmopolite » de Bernard Lazare me revint en mémoire :

Où est notre patrie?
– Où nous avons souffert?
Alors elle est partout.
Elle est à Rome, elle est dans les
sombres villes d'Allemagne et de Bohême.
– Où nous avons aimé?
Alors elle est en Espagne, elle est en Pologne.
– Notre Patrie : elle est faite de tant de choses,
de tant de souvenirs, de regrets, de joies, de pleurs,
de douleurs, qu'un petit espace de terre inculte
et désolée ne saurait la supporter et Jérusalem,
comme la Judée, n'est qu'un des morceaux dont
est faite notre patrie[4].

J'avais lu l'*Emek ha-baka*[5] de Joseph Hacohen, mon compatriote, et, ainsi qu'il l'avait prophétisé, mes paupières avaient ruisselé. L'histoire des Juifs n'était-elle pas tout entière une vallée de larmes ? Consciencieuse, j'avais préparé mon voyage. Je savais que les Juifs prétendaient tirer leur nom de la tribu de Juda, supérieure à la descendance de tous les autres fils de Jacob – et ce, conformément à la bénédiction du patriarche mourant; je savais également que leur présence en Espagne était attestée depuis les Wisigoths, et qu'on retrouvait leur trace en Castille dès la seconde moitié du Xᵉ siècle. *Avia sekolos ke la Espanya era su patria* : se pouvait-il que leur sort eût été plus doux en Espagne ?

1391, pogroms de Séville. 1492, décret d'expulsion. Bernard Lazare n'aurait-il choisi de retenir qu'une partie de l'histoire des Juifs d'Espagne ?

1. « La vida es un pasaje », *Tresoro sefardita*, chanson judéo-espagnole interprétée par Angel Carril, Saga, 1992.

2. I. Bashevis Singer, « L'homme qui est revenu », *Le Spinoza de la rue du Marché*, traduction de M. P. Bay, Denoël, Paris, 1997.

3. E. Benbassa, A. Rodrigue, *Juifs des Balkans, espaces judéo-ibériques, XIVᵉ-XXᵉ siècles*, La Découverte, Paris, 1993.

4. B. Lazare, *Le Fumier de Job*, Circé, Paris, 1990.

5. *La Vallée des pleurs*, Centre d'études Don Isaac Abravanel, trad. Julien Sée.

2

CUENCA, LA MÉMOIRE DES ORIGINES

J'en étais à ce point de mes réflexions lorsque l'ami Fernando revint tout essoufflé. S'agenouillant mi-cérémonieusement mi-bouffonnement devant moi, me présentant sur un coussin de fortune une grande clé de fer rouillée, encore ému, il me nomma dans un souffle : *Mi reinya*, ma reine ! Voici qu'on me donnait mieux encore que la clé de la maison ancestrale, la clé de « ma » ville et, guidée par son maire, j'entrepris alors l'ascension des rues pentues de Cuenca, feignant de croire que les vieilles, toutes de noir vêtues, s'inclinaient sur mon passage.

Qui mieux que son maire pouvait me conter l'histoire de Cuenca ? La question du nom en particulier, m'intriguait : Cuenca ne sonnait décidément pas « juif ». Et de fait, j'appris que, fondée aux confins du royaume des Celtes, d'après les anciens cosmographes, Cuenca avait reçu successivement plusieurs noms.

– Perchée comme un nid d'aigle sur son rocher proéminent auquel viennent s'accrocher les *casas colgadas* qui font sa réputation, Cuenca s'est tout d'abord appelée Anitorgis. Mais, une fois cette ville détruite, les Romains édifièrent sur ses ruines les premiers fondements d'une ville nouvelle, qu'ils baptisèrent Valéra, « celle du haut »…

– Par opposition à la « ville du bas », la ville moderne que nous avons traversée tout à l'heure ? interrompis-je mon informateur.

– C'est exact. Et cette hypothèse est d'ailleurs confirmée par les cosmographes lorsqu'ils désignent la population de l'époque du terme *populi valeriani*. En revanche, pour Pline, Quintilien, Strabon et Tite-Live, Cuenca se serait appelée Sucro, du nom du fleuve qui la baigne – de nos jours le Huecar, les Anciens ayant, comme tu le sais, coutume de donner à leurs villes les noms des fleuves les plus importants. D'autres encore lui assignent une origine plus ancienne : elle aurait été fondée par Hercule, de même qu'Urgel et Tarancon…

Admirant le merveilleux coquillage oblong et scintillant de lumière que dessinait la ville, je privilégiais pour ma part l'hypothèse selon laquelle Cuenca serait une déformation du latin Cocaua qui dit la même chose que Concha. L'idée que sa population descendrait des Massagètes de Scythie, à qui l'on donnait aussi le nom de Lesbiens, gens si cruels qu'ils mêlaient le lait aux excréments des chevaux pour se fortifier et s'aguerrir quand ils se battaient, au point qu'on les identifia aux habitants de Numance, me séduisait également [1].

Fernando enchaîna alors sur l'histoire des Juifs à Cuenca. La ville était tombée aux mains des Arabes vers 711, juste après la conquête de Tolède par Tarik ben Zeyak. Trois siècles plus tard, Ismail beni Dilnun, seigneur d'Uclés, s'en empara et fit d'elle la capitale de la province. A peine était-elle passée sous la dépendance du roi castillan Alphonse VI, celui qui conquit Tolède en 1085, qu'elle retomba aux mains des musulmans, en l'occurrence entre celles d'Almotabamid ben Abbad, roi de Séville. Toutefois, au terme de la *Reconquista*, la ville revint définitivement à Alphonse VIII (1158-1214) le 21 septembre 1177. Cité favorite du roi, qui en fit sa résidence, et où naquit son fils l'infant Fernando, Cuenca ne comptait alors que huit cents habitants, aussi entreprit-il de la repeupler, créant un nouvel évêché, et transformant la mosquée en cathédrale. La *juderia*, établie dans un quartier proche de la forteresse, était importante, comme en atteste sa contribution à la fiscalité royale. En 1190, Alphonse VIII entreprit de doter Cuenca d'un *fuero* qui conférait aux Juifs les mêmes droits qu'aux chrétiens en leur permettant de s'installer librement et de commercer sans restriction. Mais les décrets du quatrième concile de Latran au début du règne de Ferdinand III (1217-1252) leur imposèrent la redevance d'une dîme pour leurs terres, le port de vêtements spéciaux, voire d'un insigne. Son successeur Alphonse X (1252-1284) exigea des Juifs une grande simplicité dans le vêtement et les parures, et s'employa pour sa part à empêcher les chrétiens de frayer avec eux de peur de leur propagande, leur interdisant de consommer la nourriture et le vin qu'ils leur envoyaient et limitant leurs droits civiques, à l'instar de ceux des musulmans et des hérétiques. Il est l'auteur du célèbre code juridique *Las Siete Partidas*, lequel n'entra toutefois en application qu'au milieu du XIVe siècle : il recommandait de laisser vivre les Juifs parmi les chrétiens en tant que témoins de la Crucifixion et proscrivait l'usage de la force pour les convertir, au profit de la persuasion par les exemples et les paroles des saintes Écritures [2]. Ce même roi, dit *el Sabio*, le Sage, et prétendument respectueux des trois religions, du *shabat* et des fêtes juives, qui s'entourait de conseillers juifs, fit pourtant arrêter et pendre don Isaac ibn Zadok, don Çag de la Maleha en castillan, fils de son plus puissant Juif de cour, qui n'avait pas réussi à s'acquitter de sa mission en 1278 – collecter de l'argent pour l'armée et la marine stationnées à Algésiras –, l'infant Sancho s'étant en effet emparé de cette somme et l'ayant dilapidée à ses propres fins. Alors même que les synagogues étaient sacrées à ses yeux, le roi perfide n'hésita pourtant pas, un jour de shabat de janvier 1281, à décréter l'arrestation de tous les Juifs dans leurs synagogues, ne les relâchant pas avant qu'ils n'eussent acquitté quatre millions trois cent quatre-vingt mille maravédis d'or.

– Qu'est-ce qui explique un tel revirement d'attitude ? risquai-je.

– Tout simplement la concentration d'argent entre les mains des cinquante à cent familles juives à la fin du XIIIe siècle. Elles acquittaient un impôt annuel de soixante-dix mille huit cent soixante-douze maravédis, excitant ainsi la haine et l'envie des chrétiens ! Aussi, en mai 1285, le nouveau souverain, Sancho *el*

Bravo, soutint-il une pétition de la ville qui exigeait une réforme de la juridiction limitant le pourcentage du prêt à intérêt des Juifs, aucun chrétien ne pouvant en outre être emprisonné pour dettes. En mai 1293, il lui fallut se soumettre aux Cortes qui exigeaient l'exclusion des Juifs de la charge de fermiers des impôts, l'abrogation de leurs privilèges spéciaux favorisant leurs activités de prêteurs d'argent, et qui leur interdisaient d'acquérir la terre. Dès 1313, le concile de Zamora voulut imposer aux Juifs un signe distinctif, leur interdire de circuler librement du mercredi au samedi et toute la semaine sainte, enfin les empêcher de travailler le dimanche. En outre, la nomination de Samuel Halévi au poste de trésorier royal en 1353, renouant avec la tradition des Juifs de cour, fut ressentie comme une provocation, ce qui explique la première émeute de 1355 à Tolède lorsque les troupes d'Enrique II, lequel disputait la succession de son père don Alphonse à son demi-frère Pedro Ier, lancèrent l'assaut contre les juderias. Les Juifs qui avaient pris parti dans cette lutte fratricide pour Pedro le juif – son demi-frère l'accusait en effet d'être le bâtard de la reine et d'un juif converti du nom de Pero Gil – contre Enrique Trastamare, firent l'objet de représailles, huit mille d'entre eux périssant dans ces massacres. Le joug de don Enrique s'appesantissant sur les survivants, les conversions, d'individuelles, devinrent dès lors massives.

– Les prédications de Ferran Martinez jouèrent-elles un rôle dans cet antijudaïsme ?

– Bien évidemment, car ce dominicain, confesseur de la reine mère Léonore, archidiacre d'Écija, qui dès 1378 proférait ses imprécations à Séville, se comparant aux prophètes d'Israël, s'y entendait pour enflammer la *gente menuda* contre les Juifs, les considérant comme les disciples du diable, symboles de l'avarice et de la perfidie, et ce, en dépit des remontrances et des menaces d'excommunication dont il fit pourtant l'objet à plusieurs reprises.

– Comment les choses se sont-elles passées pour les Juifs de Cuenca ? questionnai-je avec anxiété.

– Écoute, c'est triste à dire, mais à Cuenca, ce furent les édiles eux-mêmes qui appelèrent la populace au son du tocsin à lancer l'assaut contre la juderia, à la piller, à convertir de force ses habitants[3]. Personne ne sait vraiment si le grand rabbin de Castille, Salomon Halévi se convertit avant ou après les émeutes. Prenant le nom de Pablo de Santa Maria, il devint évêque de Burgos. Il fit des émules et, de ce jour, il n'y eut plus de Juifs à Cuenca. Une nouvelle catégorie, celle des *conversos* ou nouveaux chrétiens apparut, qui se posa d'emblée en ennemie de ses anciens coreligionnaires.

– Quelle preuve peut-on fournir à l'appui de ces dires ?

– Les archives diocésaines de Cuenca ont gardé trace du procès que Maria Rodriguez Mexia intenta en 1408 à la municipalité. Elle réclamait au roi Jean II les cinq mille maravédis annuels que la communauté juive de Cuenca était obligée de verser à sa mère, doña Teresa Gomez de Albornoz, dont elle était l'unique héritière, pour une concession d'Enrique II confirmée par Jean II et Henri III. Le conseil de la ville ayant pris les armes pour détruire et piller la juiverie et convertir de force ses habitants au christianisme, Maria Rodriguez prétendait que le conseil devait lui restituer ces maravédis, soit la totalité de la somme accumulée au cours des vingt dernières années[4].

– Cela signifierait donc que les pogroms contre les Juifs de Cuenca seraient antérieurs à ceux de Séville ?

– Ils eurent vraisemblablement lieu en 1388, soit trois ans avant l'embrasement de la juderia de Tolède, confirma mon interlocuteur. C'est d'ailleurs à cette époque de désolation que les grands-parents de Joseph Hacohen, les Cohanim, fuyant devant le règne de l'oppresseur, quittèrent la ville de Cuenca et gagnèrent la forteresse de Huete, où ils furent en sécurité. En 1427, le receveur des impôts des Juifs ne trouva personne auprès de qui les percevoir, et l'année suivante, le conseil confirma l'inexistence d'une population juive. En 1441, Francisco Nunez de Toledo envoya à son tour un émissaire pour recouvrer l'impôt, mais le conseil lui rétorqua qu'il était notoire qu'il n'y avait plus depuis longtemps de Juifs vivant dans la ville de Cuenca.

De quoi abba voulait-il que je me souvienne encore ?

Toujours devisant avec mon guide le long des anciens remparts de Cuenca, nous étions parvenus devant le palais épiscopal. Fernando me proposa alors de me le faire visiter et me présenta don Dimaz Perez Ramirez, directeur des Archives inquisitoriales qui y sont conservées.

Le tribunal de l'Inquisition, tout d'abord installé dans l'actuel prieuré, fut transféré en 1574 par l'Inquisiteur général don Gaspar de Quiroga, évêque de Cuenca, rue San Pedro, puis en 1583 dans le château fort de la ville. Il y demeura jusqu'en 1808, année où les Français occupèrent la ville, y prirent leurs quartiers, et détruisirent partiellement les archives pour se chauffer. Concernant l'origine du tribunal de Cuenca, les hypothèses divergent : d'aucuns pensent qu'il était uni au départ à celui de Murcie dont il se serait séparé en 1513, d'autres qu'il s'était établi à Sigüenza pour être ensuite transféré à Cuenca. A moins encore qu'il ne se soit constitué dans les deux capitales de diocèses qui finirent par s'unir. Tous les historiens s'accordent néanmoins à reconnaître qu'il existait en 1498 un tribunal inquisitorial à Cuenca agissant en toute indépendance.

Don Dimaz Perez Ramirez m'autorisa à me plonger dans les précieux parchemins à l'énigmatique calligraphie et rédigés à l'encre bordeaux pour tenter d'y retrouver la trace de mes ancêtres. J'appris ainsi que le premier édit de grâce avait été proclamé en 1489 dans la cathédrale de Cuenca : les suspects avaient un délai de trente à quarante jours pour confesser leurs crimes. La solitude de la ville et, simultanément, sa relative proximité par rapport à Madrid expliqueraient le déploiement de l'intense activité que l'Inquisition y déploya : plus de quatre cent quatre-vingts procès intentés aux morisques en 1515 et 1630 sont en effet conservés aux Archives diocésaines, chiffre supérieur à celui intenté aux judaïsants. Les peines à l'encontre des judaïsants étaient toutefois plus sévères que pour les morisques : *relajacion*, *reconciliacion*, confiscation de biens, *abjuratio de levi* ou *de vehementi*. Il n'y avait plus de Juifs à Cuenca depuis longtemps, aussi les premiers Inquisiteurs – Francisco Florez, archidiacre de Trastamare, et Bartolomé Gumiel, vicaire général de l'évêché de Burgos –, ceux que la reine Isabelle avait recommandé aux citoyens de Cuenca d'accueillir *benigne et amorasamente*, « aimablement et respectueusement », se rabattirent-ils sur les *conversos*, ces nouveaux chrétiens, *malos cristianos*, *sospechosos en la fe*, accusés de judaïser en secret.

Je parcourus la liste des « crimes » retenus par l'Inquisition : paroles contre la foi, paroles suspectes et inconvenantes, sorcellerie, superstition, fornication, blasphèmes, propos hérétiques, faux témoignages, descendants de Juifs, judaïsants. Je fus surprise de ne trouver aucune trace de patronyme hébraïsant : de toute évidence, lorsque la plupart des Juifs avaient dû se convertir lors des émeutes de 1388, ils se virent attribuer d'office un nouveau prénom, choisi de préférence dans le martyrologe pour ne pas éveiller de soupçons quant à leur origine. Ils durent également choisir un patronyme, tantôt l'empruntant à d'autres familles, parfois renommées, tantôt prenant celui d'un animal, d'un métier, voire du bourg, de la ville ou du pays d'origine.

Si Cuenca n'était décidément pas un patronyme hébraïsant, se pourrait-il qu'abba eût voulu changer de nom pour effacer le baptême, pour oublier Sefarad ?

Don Dimaz Perez Ramirez me confirma qu'il n'y avait plus trace à Cuenca de l'antique *sinoga*, comme on disait au Moyen Age, enclavée au beau milieu de la juiverie dans le quartier de l'Alcazar : en 1403 en effet, l'évêque don Juan Cabeza de Vaca l'avait transformée en la paroisse de Santa Maria la Nueva, à l'usage des convers. Ainsi les Juifs néo-convertis, les Guadalajara, les Pérez, les Sanchez de Teruel, les Montemayor, les Cañizares, furent-ils contraints d'assister au culte chrétien sur les lieux mêmes où ils avaient fait leurs dévotions juives.

Juan Cuenca, mon ancêtre, ne put ainsi même plus se consoler en lisant les lettres carrées – *Yadekha u-berakhekha, elohekha natan* – car l'Inquisition avait pris soin dès son arrivée de masquer ces inscriptions hébraïques à la chaux. Des fragments de la frise mudéjar datant du milieu du XIVe siècle, assez semblable à celle de la synagogue du Transito de Tolède, sont désormais conservés au palais épiscopal, et je parvins, ranimant mes souvenirs du cours d'hébreu, à déchiffrer ce verset : « YHWH commandera à la bénédiction d'être avec toi, en tes greniers comme en tes travaux, et il te bénira dans le pays que YHWH ton Dieu te donne [5]. »

Il n'y avait plus de sinoga à Cuenca, mais sans doute, Juanito, fréquentais-tu la maison de Pedro Xuarez de Toledo, calle de la Pellejeria, lequel, tout comme Symuel Abenxuxe, eut à cœur de maintenir vivante en vous l'antique loi de Moïse et l'espérance du Messie. Tu t'y rendais au péril de ta vie car, lorsqu'ils voyaient les mules attachées devant cette maison, les *malsines* se précipitaient pour vous dénoncer auprès des Inquisiteurs !

Le 1er novembre 1478, les souverains catholiques avaient obtenu du pape Sixte IV la bulle *Exigit sinceræ devotionis* qui les autorisait à nommer une Inquisition dans leurs royaumes afin de poursuivre ces convers judaïsants, des hérétiques chrétiens aux yeux des Inquisiteurs. A l'instar de la monture de Mahomet, Al-Burak, qui n'était ni cheval ni mule, ni mâle ni femelle, on les traitait d'*alboraykos*, de *tornadizos*, de *marranos*, terme dérivé de *marrar*, qui signifie « manquer de », voire de *mahram*, « interdit » en arabe, qu'on traduit par « porc », et dont la consommation était prohibée tant aux Juifs qu'aux musulmans. Il fallait en finir avec les conflits entre ceux que l'on dénommait également *cristianos nuevos* – quand bien même en était-on à la sixième génération ! – par opposition aux *cristianos viejos*, lesquels étaient *lindos*, *limpios*, ou encore « hommes de la nation », voire de la *raza*. Ainsi s'expliquent les deux moyens adoptés par l'Inquisition en 1480 : la ségrégation des Juifs pour les éloigner des convers, et la création d'un tribunal spécial pour châtier les judaïsants. L'idée de l'Inquisition serait-elle née dans les milieux convers, comme le pensent Americo Castro et Sancho Albornoz ?

Il n'y avait plus de sinoga, mais au cours de ces *conventiculos* secrets qui remplaçaient l'instruction des rabbins, tu avais appris, Juanito, qu'on allumait les chandelles le vendredi soir pour les laisser brûler jusqu'à la fin du shabat, qu'on endossait à cette occasion du linge propre, qu'on jeûnait le jour de *Kipur*. Tu savais encore les prières et tu les récitais en hébreu. Tes fils, à leur naissance, furent circoncis – l'Inquisition ne procéda à l'inspection des prépuces qu'à partir de 1635 – et tu leur donnas un prénom hébraïque secret. Après leur baptême, tu les immergeas dans l'eau lustrale pour les purifier et, le septième jour de leur naissance, tu versas dans leur bassin de cuivre ouvragé l'or, l'argent, les perles, le blé et l'orge afin qu'ils fussent pourvus de tous ces biens en ce monde. Lorsque l'un des vôtres mourait, tu savais qu'il te fallait lui raser la barbe, les aisselles et autres parties du corps, et ta femme Maria conservait pieusement pour cette occasion des linceuls neufs dans ses armoires. Tu confectionnais au défunt un oreiller de terre vierge, tu plaçais dans sa bouche une perle, une pièce de monnaie, tu tournais sa tête du côté du mur. Ta femme répandait de l'eau pour que l'âme du défunt pût partir en paix, et toi, Juanito, tu t'abstenais de viande pendant trois jours, en signe de deuil, mais tu te rattrapais pendant le carême en t'assurant qu'elle avait bien été sacrifiée selon le rituel et qu'elle avait macéré dans l'eau salée ! Tu savais que tu n'avais le droit de consommer ni le *tocino*, ni le *liebre*, ni le *conejo*, ni le *peshkado liso*, et tu raffolais du *pan senzeno* dont tu faisais provision pour la Pâque[6]. Tu apposais tes mains en rayons écartés sur le crâne de tes fils… Tu savais encore tout cela, grâce sans doute au médecin Symuel Abenxuxe, ou à Pedro Xuarez de Toledo, vos maîtres.

Maria jetait-elle, Juanito, des boulettes de la pâte qu'elle pétrissait dans le feu, que tu n'hésitais pas à demander de ton côté l'aumône à un étranger pour l'huile de la synagogue. Elle gardait ses rognures d'ongles pour qu'on les mît dans son tombeau – celui qui les brûle n'est-il pas pieux, celui qui les conserve n'est-il pas juste, tandis que celui qui les jette est mauvais[7] ? – et toi, tu exigeas que seuls tes propres enfants t'ensevelissent dans ton linceul au moment de ta mort, qu'ils placent une bougie allumée dans une soucoupe d'eau. Tu leur interdis même d'aller se confesser de peur qu'ils ne révèlent tes pratiques. Tu savais encore tout cela, mais tes bourreaux eux aussi le savaient ! Le manuel d'Eymerich – efficace Inquisiteur d'Aragon – *Directorium inquisitorum*, circulait depuis 1376 et détaillait, entre autres pratiques, celles qui permettaient de reconnaître les judaïsants. N'est-ce pas ce même Eymerich qui brûla comme hérétique, relaps, récidiviste, un certain Nicolas de Calabre, qui soutenait que son maître, Martin Gonsalvo de Cuenca – un de tes ancêtres peut-être ! – était le fils de Dieu, destiné à vivre éternellement, à convertir le monde et à prier au Jour du Jugement pour tous les morts qu'il sauverait ainsi de l'enfer[8] ?

Tu étais pourtant mort et enterré en 1490, date de ton procès, Juanito : mais, pour peu qu'il y eût assez de preuves, trois témoignages par exemple, l'Inquisition pouvait non seulement intenter un procès à un défunt, mais qui plus est le « relaxer », euphémisme masquant l'hypocrisie des Inquisiteurs qui, lâches au point de ne pas souiller leurs propres mains, déféraient leur sentence de mort à l'autorité séculière ! On invita tes proches à prendre en charge ton procès s'ils le souhaitaient, en proclamant à haute voix des édits de recherche dans la paroisse et en les placardant sur la porte de la cathédrale. Mais au terme du délai de trente jours, manifestement peu pressés de défendre ta mémoire, aucun d'entre eux ne s'était toujours présenté. Eux aussi étaient dès lors coupables de rébellion contre l'Église, et susceptibles de confiscation de leurs biens par le roi. Aucun de tes descendants, de ceux que tu chérissais et bénissais, n'eut le courage de s'élever contre ce procès posthume, Juanito, personne pour réfuter ces attaques *contra fama y memoria*. Il faut croire que tu étais gravement coupable, *pertinaz*, un obstiné. Tes fils n'avaient-ils pas été eux-mêmes témoins de ton retour au judaïsme ? N'avais-tu pas répondu affirmativement à ceux de tes compagnons qui te proposèrent de faire *tevila*, ne t'avait-on pas déshabillé, plongé dans les eaux du Huecar en prononçant la formule *baal teshuva*, frotté avec du sable pour purifier les endroits de ton corps qui avaient reçu le saint chrême lors du baptême ? Tu étais violemment suspect, ton cas était désespéré, tes descendants prirent peur et s'enfuirent loin de Cuenca ! On nomma d'office un défenseur, le procès se déroulant à huis clos. La sentence arriva enfin : relâché au bras séculier.

Une bulle du pape Innocent VIII du 15 juin 1486 avait autorisé les Inquisiteurs à procéder à l'exhumation des cadavres. C'est ce qui t'arriva, Juanito : après avoir fait sécher tes restes pour en ôter la puanteur, on les renferma dans une caisse décorée de flammes vives arborant ton nom en gros caractères afin que tout le monde pût suivre le spectacle. Sur le *cadalso*, l'estrade, entre les deux rangées de gradins, *tablados*, destinés aux juges et aux accusés, on dressa ton effigie, à ton nom elle aussi.

L'autodafé avait été annoncé longtemps à l'avance et c'était jour de marché sur la plaza Mayor. Une foule dense, surexcitée, s'était amassée pour assister à l'événement : tu fus hué et conspué avant d'être brûlé. Ainsi du moins ne risquais-tu plus de contaminer tes voisins chrétiens – il n'y avait plus depuis longtemps de cimetière juif du côté des Tiradores – et ton âme de pécheur serait sauvée : le feu ne purifie-t-il pas tout ? On confisqua tes biens et ceux de ta postérité jusqu'à la seconde génération pour la lignée paternelle. On rasa ta maison. Du moins ta mort t'a-t-elle évité la « question » à l'eau, au chevalet, à la corde, le port du *sanbenito*, mais pas la honte publique… Tes cendres furent éparpillées par le bourreau pour qu'il ne restât ni trace ni souvenir de toi [9] ! Qui t'avait dénoncé ?

L'exemple de ton procès ne parvint toutefois pas à dissuader Joan de Cuenca, aubergiste de son métier, ton petit-fils, en fuite lors de ton propre procès, de renoncer à sa foi et à sa pratique ancestrale. Cet ancêtre-là fut absous pour sa part en 1492, de son vivant, mais il dut prendre le chemin définitif de l'exil juste après son absolution, par crainte d'une nouvelle condamnation.

Tu devais avoir une trentaine d'années, Joancho, grand, mince, le teint clair, de grands yeux sombres à fleur de tête, des cheveux crêpés que tu portais longs, et tu étais si bien vivant que tu souhaitais ardemment le rester. Au début, tu ne sus ce qu'il te fallait avouer, quel péché. Tu savais que, dans le village voisin de Huete, des témoins malveillants avaient accusé des moines d'envoyer de l'huile pour la synagogue, ainsi Alonso de Madrid, curé de Peraleja, condamné puis absous en 1492. Ou encore cet autre, Diego Gonzalez de Madrid, curé de San Nicolas de Huete, accusé en 1490 de s'être fait passer pour rabbin en se procurant une lettre de recommandation auprès d'Abraham Senior, grand rabbin de Castille, à seule fin de gagner quelques maravédis : la sentence, prononcée en 1491, l'inculpait de délit d'excommunication majeure, confisquait ses biens et le livrait aux autorités civiles. Tu avais sans doute entendu parler du procès de Leonor Garcia, toujours à Huete, *reconciliada*, accusée en février 1491 d'avoir été incitée par la judaïsante Juana Gonzalez à jeûner le jour de Kipur. Diego de Cuenca, originaire de Huete lui aussi, avait pour sa part demandé en 1492 la révision de la sentence prononcée contre sa mère, déjà morte, en récusant les faux témoignages de Susana la blanchisseuse, la *hermosa hembra*.

Emprisonné, la liste de tes biens dressée, tu réfléchis. Le

procureur, lors de ta première comparution, te fit part de son intention de t'accuser, en tant que convers, d'observer les préceptes juifs : on te menaça, dès lors que l'on aurait déterminé le lieu et la date de ton retour au judaïsme, de soustraire de la liste de tes biens, dressée le jour de ton arrestation, ceux que tu possédais quand tu commenças à judaïser, les autres demeurant confisqués. Il te fallait avouer, dire la vérité non seulement sur ton propre compte, mais dénoncer également tes complices. On te signifia la gravité de ton crime en t'assurant que, si tu te confessais, les Inquisiteurs considéreraient ton cas avec quelque miséricorde, en clair, qu'ils t'éviteraient la torture. Pour le moment, tu étais simplement *sospechoso*, faiblement suspect. Il te fallait éviter d'être convaincu d'*abjuratio de levi*, tu risquais la réprimande canonique, l'admonestation, l'abjuration; d'*abjuratio de vehementi*, tu encourais des punitions supplémentaires; *suspectus violenter*, c'était la réclusion. Si l'on parvenait à faire la preuve de tes crimes, tu deviendrais *convencido o probado :* outre l'abjuration publique, et le port du sac béni, tu encourais alors la prison perpétuelle. Les Inquisiteurs distinguaient aussi les obstinés ou récalcitrants, les récidivistes ou *relaps.*

L'*audiencia de la carcel* – distincte de celle qui se déroulait ensuite dans la salle du procès, *audiencia publica o continua* – eut lieu en prison même, en l'absence de la défense. Le tribunal et le procureur s'employèrent de concert à te forcer à confesser tes fautes. C'était là le meilleur moyen de t'inculper. D'un autre côté, une fausse confession risquait de t'envoyer à la chambre des tortures. Si tu niais les charges de l'accusation, le juge allait prononcer une sentence provisoire et demander que l'on fournît des preuves : toi-même et ton défenseur en recevriez une copie, mais si habilement tournée qu'il te serait impossible de reconnaître les témoins. Tu profitas d'un répit de trois jours pour réfléchir : tu pouvais contester les charges de l'acte d'accusation et présenter un questionnaire sollicitant que l'on interrogeât les témoins de la défense, puis viendrait la *sentencia de prueba*, les témoins devant prêter serment. Au terme de l'audition des témoins à charge, anonyme, par crainte de représailles – il pouvait s'agir de proches parents, de tes enfants peut-être, de mouchards, eux-mêmes souvent anciens convertis – et de celle des témoins de la défense, on attendit le verdict, confié à des spécialistes et on t'en fixa la date.

Tu bénéficiais d'un délai de grâce de quarante jours pour te confesser, et si l'on estimait que tes aveux étaient de bonne foi et complets, ce qui supposait que le tribunal n'avait pas rassemblé de matériaux compromettants venant d'une autre source, tu serais exempté du procès. Il te faudrait néanmoins expier ton péché et participer à l'autodafé. En revanche, si tu omettais des informations sur tous ceux qui avaient participé avec toi à tes pratiques mosaïques, ta confession ne ferait que t'accuser un peu plus.

Lorsque les Inquisiteurs, rusés, te posèrent, Joancho, la question : « Crois-tu que le Christ soit né d'une vierge ? » tu aurais pu feindre d'être stupide, malade, tu aurais pu tergiverser comme d'autres avant toi l'avaient fait : « Quel grand exemple la Vierge nous donne ainsi ! » Tu aurais pu renvoyer la question : « Et vous, le croyez-vous ? » Tu aurais pu t'étonner : « Pourquoi me demandez-vous cela, je suis chrétien ! » Tu répondis habilement, pour ta part : « Je suis faible et ignorant, je ne connais pas la théologie. Ne me posez pas de telles questions [10] ! »

On t'accusa de ne pas te signer, de ne pas aller à la messe ou de n'y aller que par méfiance à l'égard de tes voisins et pour ne pas être excommunié, de ne pas te confesser, de travailler le dimanche, d'éviter de prononcer le nom de Jésus, de calomnier Marie et le christianisme, de manger de l'agneau à Pâques, de ne célébrer le baptême de tes nouveau-nés qu'en privé, en refusant toute cérémonie ecclésiastique : bref, on t'accusa de transgressions contre le christianisme. Mais on ne réussit pas à prouver que tu étais retourné à la religion de tes ancêtres, ni que tu observais les *mitsvot*.

Sans doute avais-tu dû prendre de grandes précautions,

ruser en permanence ; pour respecter le shabat, tu devais te rendre à l'extérieur de la ville, dans un champ, à moins que tu ne fusses subitement tombé malade le vendredi soir. Parfois tu usais d'un subterfuge, une domestique chrétienne tenant l'auberge à ta place. Ta femme, Isabel, lorsqu'elle rendait visite à sa famille, prenait toujours bien soin d'emmener sa quenouille et ses fuseaux pour faire croire à tous qu'elle avait travaillé toute la journée ! Quelque visiteur se présentait-il impromptu le vendredi soir, il vous fallait alors escamoter la viande du shabat et la remplacer par le plat de poisson préparé lui aussi la veille ! Certains jours de fête étaient en revanche trop risqués : tu te contentais alors, la mort dans l'âme, de les célébrer en ton for intérieur, Joancho. On ne put t'arracher aucun aveu et, aucune accusation, aucune déposition des témoins ne réussissant à te convaincre d'hérésie, tu fus absous.

Le *quemadero* te fut évité, de même le « mur », la prison à vie, mais tu dus assister, pour preuve de ta bonne foi et pour ton édification, à l'autodafé public de tes compagnons d'infortune, conspués, flagellés en public, défilant dans la ville pieds nus, dévêtus jusqu'à la ceinture, portant l'insigne de l'offense pendant que le crieur public proclamait les sentences.

Flanquée du maire, j'entrepris alors de refaire le trajet des condamnés de l'Inquisition à Cuenca. La cérémonie était inaugurée à l'aube, en public, sur la plaza Mayor, les condamnés partant du *castillo* surplombant la ville et dont ne subsiste plus aujourd'hui qu'un arc. Une procession comprenant le clergé était précédée de la grande bannière de l'Inquisition : ceux qui avaient abjuré *de vehementi* devaient tenir des cierges allumés et porter le sanbenito. Ils passaient devant le couvent des carmélites déchaussées et la paroisse San Pedro où est enterrée Isabel Herraiz, condamnée pour illuminisme. Ils descendaient ensuite la calle San Pedro jusqu'à la plaza Mayor et à la cathédrale qui renferme les sépulcres des Montemayor, riches notables juifs convertis, reposant autrefois dans la synagogue.

C'est sur cette place, ou devant la façade principale du couvent de San Pablo, dont les dominicains étaient habilités par le Saint-Office, qu'étaient célébrés les autodafés. Les condamnés longeaient ensuite le palais épiscopal. Ils atteignaient la plaza de la Merced, le plus vieux quartier de la juiverie, et enfin le campo de San Francisco, lieu des exécutions des prisonniers que l'Inquisition avait livrés au bras séculier, et qui est aujourd'hui occupé par la Deputación Provincial.

Tu fus absous, Joancho, mais pas innocenté pour autant : on n'avait tout simplement pas réuni assez de preuves contre toi. T'innocenter, en effet, eût été te fournir une arme en cas de nouvelle inculpation. Tes ancêtres avaient déjà été exilés de Jérusalem, Joancho, mais ils n'avaient fui ni en 1388 lors des *matanzas*, ni en 1453 lors de la prise de Constantinople, que certains interprétèrent comme l'annonce de l'arrivée du Messie. L'Espagne, l'un des derniers pays de la chrétienté à expulser ses Juifs pourtant, dès lors que la Reconquête fut achevée et qu'elle n'eut plus besoin du « trésor » qu'ils représentaient pour elle, fut livrée à Torquemada, *bestya kon figura de benadam*. Et c'est ainsi que le premier jour du cinquième mois de l'an 1492, le 1er *adar*, le roi Ferdinand, sur le conseil de son épouse, décida de bannir les Juifs dans un délai de trois mois à dater du 9 *yar* et jusqu'au 9 *av*. Les convers en effet s'étaient plaints qu'il leur serait impossible d'être des chrétiens parfaits et sincères tant que des Juifs se trouveraient parmi eux en Espagne. Sous l'influence des prêtres, Isabelle – qui pourtant était intervenue le 7 juillet 1477 à Trujillo, pour prendre l'*aljama* juive sous sa protection et interdire toute agression et vexation contre ses habitants : « *Todos los judios de mis reiños son mios y estan so mi proteccion y amparo, y a mi pertenece de los defender y amparar y mantener en justicia.* » (« Tous les Juifs de mon royaume m'appartiennent et sont sous ma protection. Il me revient de les protéger et de les défendre et d'assurer la justice[11]. ») – était devenue l'ennemie d'Israël, allant jusqu'à reprocher à son époux d'avoir du sang juif : « Ils m'ont mariée à toi pour que tu leur sois un appui et un soutien [12]. »

Torquemada avait rédigé l'une des trois versions du décret : « Nous mandons et ordonnons à tous les hommes et femmes, vieux et jeunes, qui se font gloire du nom d'Israël, qui vivent et demeurent sous notre gouvernement, de s'exiler, de quitter toutes les régions où ils résident, d'abandonner les villes de notre royaume et de se rendre vers un autre pays dans un délai de trois mois à dater du 1er mai et jusqu'à la fin du mois de juillet. » Les contrevenants encouraient la peine de mort par pendaison ou la conversion forcée. En revanche, ceux qui au cours de ces trois mois se seraient convertis au christianisme étaient autorisés à rester chez eux, à conserver leur fortune et leurs biens, et seraient exemptés de toute taxe et de toute servitude, l'Inquisition s'engageant, qui plus est, à ne pas enquêter sur eux pendant dix ans. « A des fins de contrôle, nous enjoignons à tous, princes, grands seigneurs, ou juges de toutes les provinces et villes, d'apposer l'emblème royal appelé en espagnol *señal real* à l'entrée de chaque maison juive en tout lieu où ceux-ci résident [13]. »

Trois mois pour tout quitter… Tu troquas ton auberge, Joancho, pour une mule, ta vigne pour quelques matelas, et tu embarquas avec ta femme Isabel à Carthagène, dans la chaleur d'août, le 16 du mois d'av, sur l'un des seize grands navires chargés de bétail. Comme l'enfant qui se hâte vers l'école, vous n'emportiez, serrées contre vos cœurs, que vos *Toras*, la loi de votre Dieu. Pour vous donner du courage, Isabel et toi chantiez et jouiez du tambourin.

– Combien furent-ils à prendre la route ? risquai-je.

– Cinquante, soixante mille ? me répondit don Dimaz Perez Ramirez. Abravanel avance le chiffre de trois cent mille, les démographes celui de soixante-dix à cent vingt mille. Au maximum, deux cent mille, affirme pour sa part l'historien Luis Suarez Fernandez, soit environ trente mille familles de Castille, ultime refuge des deux cent seize aljamas dans l'Espagne chrétienne.

– Personne n'est intervenu en leur faveur ? m'étonnai-je.

– Don Isaac Abravanel, don Abraham Senior, tentèrent de les sauver, Abravanel offrant même une somme considérable pour la révocation de l'édit d'exil. C'est alors qu'intervint Torquemada. Brandissant un crucifix, il s'exclama : « Judas vendit le Christ pour trente pièces d'argent. Vos Majestés veulent le vendre pour trente mille ducats, eh bien, le voici, vendez-le ! » Malgré la brillante plaidoirie des grands sages juifs, le roi et la reine leur répondirent : « Il suffit, ne nous parlez pas davantage de cela ! » La reine s'était promis de convertir de force toutes les communautés d'Espagne si don Abraham Senior refusait d'apostasier. Pour sauver un grand nombre de Juifs du péché, ce dernier embrassa donc le christianisme malgré lui, mais par milliers et myriades les Juifs se convertirent, certains, qui étaient déjà en route, rebroussant même chemin devant les tribulations et les souffrances rencontrées, et apostasiant à nouveau.

Je savais que ces exilés s'étaient enfuis où le vent les poussait : en Afrique, en Asie, en Grèce, en Turquie. Leur traversée fut une succession nouvelle d'infortunes et de mauvais traitements infligés par les marins génois ou par les musulmans qui n'hésitèrent pas à éventrer certains des fugitifs, récupérant l'or qu'ils avaient avalé pour le cacher, à en noyer d'autres, quand la peste ou la faim ne les décimèrent pas, quand ils ne furent pas abandonnés sur des îles désertes par des capitaines sans foi ni loi, quand ils ne furent pas vendus comme des bêtes.

Certains exilés de Cuenca dans l'Empire ottoman, dont Joancho et Isabel, mes ancêtres, conservèrent comme patronyme le nom de leur ville d'origine. Le sultan Bajazet II les accueillit chez lui avec empressement par ces mots : « Pouvez-vous appeler sage et intelligent un tel souverain (Ferdinand)? Il appauvrit son pays et enrichit le mien [14] ! »

La « Lettre du Cosmopolite » de Bernard Lazare me hantait de plus belle : l'Espagne était-elle notre patrie, la terre où nous avions aimé?...

1. J. P. Martir Rizo, *Historia de la muy noble y leal ciudad de Cuenca*, Barcelone, El Albir, 1979 (1re édition, 1629).

2. L. Poliakov, *L'Histoire de l'antisémitisme de Mahomet aux marranes*, Calmann-Lévy, Paris, 1961.

3. Y. Baer, *History of the Jews in Spain*, The Jewish Publication Society of America, Philadelphia, 1978.

4. Don Dimaz Perez Ramirez, « La Sinagoga de Cuenca, Iglesia de Santa Maria La Nueva », *Revista Cuenca*, n° 19 y 20, 1982.

5. Deutéronome, 28, 8.

6. M. Escamilla Collin, *Crimes et Châtiments dans l'Espagne inquisitoriale*, Berg International, 1992, préface de P. Chaunu.

7. Talmud Nida, 17 a.

8. H.-C. Lea, *Histoire de l'Inquisition au Moyen Age. L'Inquisition dans les divers pays de la Chrétienté*, Jérôme Millon, Paris, 1988, traduction Salomon Reinach.

9. M. Escamilla Collin, *op. cit.*

10. J. M. Pérez-Prendes Muñoz-Arraco, « El procedimiento inquisitorial, esquema y significado », *La Expulsion de los Judios de España*, El Curso de Cultura hispano-judia y sefardi, Toledo, 1992.

11. Registro del Sello, cité in L. S. Fernandez, *Documentos acerca de la expulsion de los judios*, Valladolid, 1964.

12. On disait en effet que Ferdinand avait une bisaïeule juive. Voir Voir E. Capsali, *Chronique de l'expulsion*, présentation et notes de Simone Sultan-Bohbot, Le Cerf, Paris, 1994.

13. *Ibid.*

14. Voir E. Benbassa, A. Rodrigue, *op. cit.*

II

SUR LES TERRES DU GRAND TURC

Ande ir en galut?
En las tyerras del Grande Turko.

« Où partir en exil ?
Sur les terres du Grand Turc. »

Joancho et Isabel, obéissant aux injonctions du rabbin Isaac Zarfati – « Ô Israël, pourquoi dors-tu ? Lève-toi et quitte ce pays maudit pour toujours » –, qui invitait ses coreligionnaires à le rejoindre en terre ottomane, pays d'abondance où ils pourraient trouver le repos, accéder à la propriété et où ils seraient libres de se vêtir comme bon leur semblerait[1], arrivèrent donc sur les terres du Grand Turc lors de la première vague d'immigration, avec les douze mille autres familles fuyant les persécutions d'Espagne, en 1492. *Kendi gelen*, arrivés de leur propre gré, ils trouvèrent sur place des Juifs romaniotes[2], hellénophones, rabbanites et karaïtes – ceux qui ne reconnaissent pas l'autorité de la loi orale. Parmi eux, beaucoup avaient été déportés – *sürgünlü* – car le sultan Mehmed II avait entrepris de repeupler la ville désertée lors de la conquête de Constantinople en 1453. A peine arrivés d'Espagne, ils reconstituèrent leurs communautés, les *kehilot*, sur le modèle de leur ancien fuero castillan.

Vos us et coutumes, votre langue même s'imposèrent rapidement. Outre votre nom de baptême et le nom de votre ville d'origine, vous aviez en effet emporté avec vous le castillan, Joancho et Isabel, langue dans laquelle s'effectuèrent désormais toutes les transactions dans les villes de Salonique, de Constantinople, du Caire ou de Venise. Mais pourquoi l'espagnol ? La langue ancestrale des Juifs n'aurait-elle pas dû plutôt être l'hébreu ?

Chassés d'Espagne, les sépharades n'auraient-ils pas dû faire retour à leur langue originelle ? Il faut croire que, si les Juifs continuèrent bien à prier en hébreu, une fois brûlés sur la place publique de Tolède nombre de livres hérétiques et de fausses Bibles, seule toutefois une minorité cultivée le parlait encore à la fin du XVIe siècle dans le royaume de Castille.

« Vous savez la valeur que j'accorde à la langue, plus encore qu'à la race[3] », écrivait Miguel de Unamuno, le poète et recteur de l'université de Salamanque. Conserver l'espagnol, n'était-ce pas indiquer une parenté spirituelle, plus proche encore que la race, que le sang, entre le peuple juif et le peuple espagnol ? « La femme doit abandonner la maison de son père », poursuivait Miguel de Unamuno : les Juifs d'Espagne auraient donc ainsi abandonné l'hébreu pour épouser l'espagnol. Se pourrait-il qu'à défaut de l'Espagne le *djudyo* fût devenu votre seule vraie patrie ? La persistance du judéo-espagnol par-delà les siècles ne démontrerait-elle pas que les sépharades d'Orient avaient pardonné, voire oublié depuis longtemps les persécutions subies en Espagne, dans cette Espagne dont Yehuda Leib Gordon constatait amèrement en 1808 qu'elle n'avait pas été châtiée pour les infâmes traitements infligés à ses Juifs[4] ?

En faisant de l'Espagne l'une des patries où les Juifs avaient aimé, Bernard Lazare semblait partager l'opinion de Max Nordau selon lequel il était temps de « remettre les pendules à l'heure et [de] considérer le passé comme passé[5] ». Au cours d'une croisière sur le Danube le 24 août 1903, qui conduisait le sénateur Pulido et sa famille de Belgrade à Orsova, ces derniers entendirent sur le pont un couple d'âge mûr parler « un castillan incorrect » et ils en déduisirent immédiatement qu'il s'agissait là de Juifs espagnols qui avaient conservé à travers quatre siècles d'exil le culte religieux de « l'Espagne, notre mère patrie très chère[6] ». Impressionné par cet amour de la terre espagnole, le sénateur Pulido milita dès lors inlassablement auprès du gouvernement espagnol en faveur de la protection de la langue castillane en Orient, prônant la réconciliation entre Espagnols et sépharades.

Joancho, Isabel, parliez-vous espagnol par sentimentalisme ou parce que vous ne connaissiez pas d'autre langue ? Parliez-vous seulement encore l'espagnol, ou simplement « juif » – *djudyo* – comme vous disiez entre vous ? Qu'est-ce qui était encore « purement » espagnol ? Dérision suprême, l'Espagne si orgueilleuse, si attentive à la pureté de son sang, paraissait tout entière corrompue par le sang juif et marrane, au point qu'*Espagnol* et *marrane* en vinrent à être synonymes, tout comme par la suite *Portugais* et *Juif*.

A Madrid, la semaine précédente, calle del Pintor Rozalès, j'avais pu prendre la mesure de l'étonnement que suscitait mon espagnol approximatif et archaïque. Enfant, j'avais appris sans le savoir le judéo-espagnol, langue privée à laquelle recouraient mes parents sitôt qu'ils ne voulaient pas se faire entendre de moi. Ima avait coutume de raconter ses malheurs conjugaux lors d'interminables conversations téléphoniques à ses sœurs : je me coulais alors sous le guéridon du téléphone, écouteur en main, ce qui avait le don d'exaspérer ima qui passait alors à sa langue maternelle. Abba et ima s'en servaient aussi pour critiquer les autres ou pour repérer leur appartenance, *son de los muestros*, *este es de mi pueblo*, décrétait abba après un rapide coup d'œil circulaire dans la salle de restaurant. En guise de confirmation de son « flair », il saisissait la première occasion de se faire confirmer son intuition en glissant à l'intéressé la question fatidique : *sos de la grande michpaha?* Je ne le surpris jamais en faute à ce petit jeu. Et sa joie enfantine quand venait la confirmation de l'interlocuteur : *Es djudyo! i de Stambol!* Ainsi les premiers mots de cette langue inconnue furent-ils des mots de complainte, de souffrance, de reconnaissance ou de raillerie. Mes grands-parents maternels me parlaient en judéo-espagnol, toujours je leur répondais en français, comme par pudeur ou par honte.

M'étais-je cognée, la parole consolatrice était à fleur de lèvres : *Ay de mi!* Racontais-je quelque chose d'étonnant, qu'on s'émerveillait avec moi, *Asi bivas tu!* Endurais-je quelque maladie infantile, qu'on souffrait avec moi. Parfois, je me forçais à éternuer, trois fois de suite, pour être bien sûre de m'entendre répliquer de façon angoissée : *bivas, kreskas, i grandeskas!* Ou bien encore : *kon salud i kon vida!* M'étais-je étranglée : *oras klaras, oras buenas!* Un souci d'enfant me tourmentait-il, on me souhaitait : *tus ojos no veyan mal*, voire *kyen mal te kere?* Avais-je dit quelque chose qui paraissait pertinent, *tu boka koma myel*. Me faisait-on compliment de ma bonne mine, suivaient les paroles d'exorcisme contre le mauvais œil : *el Dyo ke te eskape de ojo malo i de ayin ara!* ou cette autre : *ojo malo, avla mala, ayin ara ke no mos toke*. Je partais en colonie de vacances : *kaminos de letche i myel!* Je revenais les joues bien rouges : m'accueillait un *manzanikas koloradas, las ke vyenen de Stambol*. En revanche, si j'importunais trop les adultes, arrivait la réprobation suprême : *ya basta, ija de un mamzer!*

Plus tard, après ou avant la lecture des *Mémoires* de Canetti, je demandai à mon père polyglotte : « Quelle est ta langue maternelle ? » Il répondit : « À la maison, le judéo-espagnol ; dans la rue, avec les copains, le grec et l'arménien ; avec les domestiques, le turc ; à l'école, le français ; avec la gouvernante, l'anglais ; au *Gymnasium*, l'allemand. » Il croira aussi parler italien, en fait un sabir ahurissant qui marchait fort bien, d'autant qu'il était accompagné de génuflexions et mimiques qui me ravissaient autant qu'elles étaient insupportables à sa femme, qui le trouvait décidément « trop oriental » et superstitieux : point de chapeau sur le lit, signal de mort, point de placard entrouvert, crainte de bagarre dans la maison ! Renversait-on le sel à table, qu'il fallait instantanément en jeter une pincée pardessus chaque épaule pour conjurer le mauvais sort ! Recousait-on un bouton, un ourlet à même la personne, tu t'exclamais : *en riva de kyen kuzgo? En riva de la ija de el Rey de Fransa. Eya tenga tus ansyas, i tu sus ganancyas!* Ta mère malade, ta femme malade, ta fille malade, tu feignais de t'arracher les cheveux, abba, en soupirant bruyamment *Aman, aman, aman!*

Pitié, qu'est-ce que je vais devenir ? J'adorais justement ce « trop », cet excès dont je recueillis l'héritage comme un bien précieux.

De la fin du XVe à la fin du XVIe siècle, la période fut brillante pour les Juifs de cour qui mirent au service du sultan leurs relations internationales, se faisant informateurs de la Sublime Porte, redevenant changeurs, prêteurs à intérêt, médecins, développant l'industrie lainière, le cuir, implantant l'imprimerie. La loi de l'islam vous avait octroyé, Joancho, Isabel, le statut de « protégés » *dhimmi*, comme dans l'Espagne musulmane, mais elle vous avait toutefois assujettis à la *djizya* ou *kharadj*, à la capitation, et vous n'étiez pas autorisés à témoigner contre un musulman. La hauteur des maisons, le type, la couleur de vos vêtements firent, une fois de plus, l'objet d'une stricte réglementation, de même que vos montures [7]. De nouvelles malédictions ne tardèrent pas à vous frapper : écrasés par les taxes et les impôts, les Grecs et les Arméniens vous supplantèrent bientôt. D'innombrables incendies ravageaient périodiquement vos demeures, et il vous fallut en outre subir la concurrence européenne et celle de Smyrne. Smyrne où sévissait un individu exalté, Sabbataï Zevi, qui, pour avoir été promu rabbin dès l'âge de dix-huit ans, ne s'en adonnait pas moins à des comportements totalement irréligieux, n'hésitant pas par exemple à abolir les jeûnes rituels, à recommander l'absorption de nourritures interdites ou encore à prononcer le tétragramme. Exclu en 1651 par le rabbinat de Smyrne, il erra dès lors en Grèce et en Turquie, semant le désordre et les troubles en prophétisant la prochaine déposition du sultan, le retour des dix tribus perdues du royaume d'Israël déportées en Assyrie, et s'autoproclamant Messie. Arrêté par les Turcs et sommé de choisir entre la conversion à l'islam et la mort, il opta en 1666 pour la conversion. Si des dizaines de milliers de ses fidèles déconcertés revinrent au judaïsme, beaucoup de ses adeptes apostasièrent pourtant à sa suite, créant la secte des

Dönme. Installés dès 1683 à Salonique, nombre d'entre eux deviendront leaders dans le mouvement des « Jeunes-Turcs » en 1909.

1. Voir E. Benbassa, A. Rodrigue, *op. cit.*

2. Désigne les Juifs présents en Grèce dès 85 avant J.-C., hellénisés et vivant dans l'Empire byzantin (la « Deuxième Rome »).

3. A. Pulido, *Españoles sin patria y la raza sefardi*, Madrid, 1807.

4. Benbassa, E. dir., « Dans les profondeurs de la mer », *Mémoires juives d'Espagne et du Portugal*, Publisud, Paris, 1996.

5. A. Pulido, *op. cit.*

6. *Ibid.*, p. 5.

7. E. Benbassa, A. Rodrigue, *op. cit.*

1

VARNA : « CUENCA FRÈRES »

A la mort de Jacob, je retrouvai d'innombrables albums de photographies de cette grande famille dispersée de par le monde. La plus ancienne, représentait Yako Cuenca à Varna, au début du siècle. Varna, principal port de la mer Noire, qui deviendra Stalin en 1949, comptait trois cents Juifs en 1880, mille cinq cents en 1919. Outre les sépharades, il y avait également une petite communauté ashkénaze et l'Alliance israélite universelle y avait ouvert une école élémentaire en 1880, puis, un peu plus tard, deux écoles professionnelles.

Yako Cuenca, un des lointains descendants de Joancho l'aubergiste, avait pris pour épouse Vida de Botton. Leurs sept enfants naquirent à Constantinople : quatre fils, Joseph, Salomon, mon grand-père paternel Meier et David. Trois filles vinrent aussi bénir cette union : Sarina, Élise, Fortunée. Mais le brave Yako, loin de faire la loi, à l'instar de Yako Balta [1], n'était pas à la hauteur, et vivait d'expédients. Il ne travailla jamais de sa vie, sa seule activité consistant à louer une partie de sa maison à quelqu'un qui fabriquait de la pommade pour redresser les moustaches ! La famille était constamment dans la gêne ; aussi Joseph, le fils aîné, dut-il travailler très tôt, occupant des emplois humbles comme changeur de monnaie ou garçon de magasin. Joseph était même si pauvre que, pour se rendre au magasin, il lui fallait faire le tour de la Corne d'Or à pied, soit deux à trois heures de marche. Mais Joseph était astucieux : il conclut un arrangement avec un passeur qui accepta de le faire traverser chaque jour ouvrable à la condition qu'il viendrait ramer à sa place pour ses jours de congé.

Par la suite, Joseph trouva à s'employer en Bulgarie, à Varna : il y vendait de petits carnets de papier à cigarettes. La concurrence était redoutable pour le pauvre Joseph, car il lui fallait arriver dans les villages avant les autres, sur de mauvaises routes où son traîneau risquait en outre d'être attaqué par les loups ! Ses patrons étaient très satisfaits de ses services, mais ils se faisaient vieux ; aussi leur fit-il une proposition : « Je continue à travailler pour vous dans tout le pays mais, si je parviens à économiser telle somme, vous me vendez votre affaire. » La somme proposée par Joseph était colossale, si bien que ses patrons, pensant qu'il ne réussirait jamais à la réunir, acquiescèrent d'autant plus volontiers. Or il arriva que Joseph prit pour épouse Rika Covo, petite-fille d'Avraham Yitschak Covo, originaire de Roustchouk – Rusé –, comme Elias Canetti, un parent éloigné qui consacra un livre à sa communauté[2]. Joseph reçut une dot importante et put ainsi racheter l'affaire à ses patrons !

Joseph était très pieux : il se rendait tous les jours à la synagogue et le vendredi soir en rentrant chez lui il n'omettait jamais de souhaiter à tous les siens *semanadas buenas i claras, shabat shalom*. De son frère Meier en revanche, on disait : *beza mezuza i arova pita !* Pendant ce temps-là, à Constantinople, la famille de Joseph continuait à dépérir. En tant que frère aîné, Joseph se sentait responsable : il fit donc venir deux de ses frères, David, qu'il envoya dans une école ashkénaze où il apprit la teinturerie et l'allemand, et Meier qui trouva un emploi chez un marchand de grains avant de repartir pour Cologne où il créa par la suite une affaire de matériel d'imprimerie, linotype puis offset. Salomon, le quatrième frère, préféra rester à Constantinople, jusqu'au moment où, l'affaire de Joseph prenant de l'importance, il collabora lui aussi à la gestion de la fabrique de papier à cigarettes.

C'est à Varna que Salomon, le père de Jacob, rencontra Rébecca Nahmias, sa future épouse, à Varna que leur fille aînée, Vicky, naîtra en 1905. A Varna également que Victoria Nahmias, pourtant née à Salonique en 1878, et demi-sœur de *nona* Rébecca, épousera à son tour Haïm Pappo qui fera fonction de rabbin à Haskovo, et auquel elle donna six fils. A Varna vivaient également le frère aîné de Haïm, Lazare Pappo, et sa non moins nombreuse famille. C'est à Varna toujours, que Jacques Policar né à Plovdiv en 1916, petit-fils de Sultana Nahmias, une autre sœur de nona Rébecca, passait ses vacances en compagnie de ses oncles Jules, Ernesto, Nisso.

Les trois frères Cuenca, Joseph, David et Salomon, décidèrent un beau jour de monter ensemble une affaire de shipchandler sur le port de Varna. Un Anglais de l'Intelligence Service se présenta alors, leur offrant de collaborer avec eux en leur signalant les allées et venues des bateaux dans le port, mais les frères Cuenca refusèrent. Les trois frères vendirent aussi des armes – peut-être aux révolutionnaires russes : David n'était-il pas à Odessa en 1906 ? Un champ de tir était à la disposition des clients qui voulaient essayer les armes, et un jour, une balle passa si près de la tempe de *tsio* Meier qu'ils décidèrent d'abandonner l'affaire. Après les persécutions des Grecs par les Bulgares, Joseph prit peur que ne vînt bientôt le tour des Juifs, aussi vendit-il son commerce pour retourner à Constantinople où il se mit dès lors à vendre du papier. Comme toujours l'affaire prospéra entre ses mains, et *tsia* Rika put ramener chaque soir plusieurs mallettes de bénéfices en pièces d'or !

A la fin de la Première Guerre mondiale, beaucoup de membres de la famille Cuenca quittèrent Constantinople pour s'installer à Vienne. L'Autriche leur paraissait en effet plus « civilisée », mais ils fuyaient aussi les épidémies, Yako et Vida ayant été tous deux emportés par une fièvre eczématique dans les années 1920.

Meier fut le premier à partir pour Vienne étudier le marché, David et Joseph l'y rejoignant bientôt : ce fut là la naissance de « Cuenca Frères », les quatre frères formant un réseau.

Trois des quatre frères Cuenca étaient si liés qu'ils conclurent d'autres alliances entre eux, poussant l'endogamie jusqu'à épouser leurs nièces, les filles de leurs propres frères. David prit en effet pour épouse sa nièce Flora, fille de son frère aîné Joseph : elle n'eut ainsi même pas à changer de nom… De cette union naquit en 1922, au deuxième étage de l'Austellungstrasse, non loin de la grande roue du Prater, le petit Peppo, qui dut ainsi nommer grand-père et grand-mère ceux qui auraient pu demeurer son oncle et sa tante, et qui devinrent eux-mêmes beaux-parents de leur frère et beau-frère. Comment ne pas nommer aussi maman celle qui aurait pu être sa cousine ? Meier, le troisième frère, suivit l'exemple de son frère David. Il épousa Esther, fille aînée de sa sœur Sarina – elle-même épouse de Bohor Frances, médecin du sultan Abdul Hamid à Brousse – sa sœur devenant ainsi du même coup sa propre belle-mère ! Avec Esther, tsio Meier eut deux enfants qui naquirent à Vienne également, Jacky et Nelly : à leur tour ils sont privés de cousine, celle-ci devenant leur propre mère… La nièce-épouse, la mère-cousine, était fragile, elle vint à mourir. Quand la neige fut venue et eut mis un blanc tapis sur sa tombe, tsio Meier épousa en secondes noces Grete, une Viennoise débordante de charme. Fortunée, troisième des sœurs Cuenca, n'eut qu'une fille avec Albert Benbassat, et demeura pour sa part simplement sa mère. Quant à Élise, la cadette des sœurs Cuenca, elle donna tout d'abord deux fils à son époux Moïse Salti, *maşallah*, puis cinq filles dont deux périront dans les crématoires d'Auschwitz.

Les frères Cuenca obéissaient-ils aux injonctions de Raphaël qui encourage Tobie à prendre pour épouse Sarra, la fille de Ragouël ? « C'est toi son plus proche parent, elle te revient par priorité… Tu as le droit de la prendre… Ragouël n'a absolument pas le droit de te la refuser ou de la fiancer à un autre, ce serait encourir la mort d'après les termes du livre de Moïse, du moment qu'il saurait que la parenté te donne avant tout autre le droit de prendre sa fille[3]… » Pourtant, le Lévitique codifie de façon très précise les règles de l'union conjugale, et donc de la prohibition de l'inceste : « Aucun de vous ne s'approchera de sa proche parente », mot à mot : de « la chair de sa chair[4] ». Cette prohibition vaut pour le père, la mère, la belle-mère, la sœur, la petite-fille, la demi-sœur, la tante, l'oncle, la belle-fille, la belle-sœur, la sœur de sa femme tant que cette dernière est en vie. Le motif d'une telle prohibition est l'« impudicité », l'« infamie », l'« ignominie », la « souillure », et ceux qui transgressent ces interdits sont susceptibles d'être lapidés, brûlés vifs, passibles du fouet et du *karet*.

Se paseava Silvana
Por el verjel que tenia.
Por ayi la oyo su padre.
De altas torres, de ayi arriva.
Ven aki tu Silvana,
Ven aki tu ija mia.
Ke bien arrelumbras Silvana
Mejor de la reyna la madre tuya!
De este modo de palavras
De amores la aprometia.
De sus ojos eya yorava,
De su boca eya dezia :
No lo kier el Dyo del sielo
A ser combleza de la mi madre.

« Silvana se promenait
Dans son verger
Son père l'entendit
Du haut de ses tours, et il vint.
Viens ici Silvana
Viens ici ma fille,
Tu es resplendissante, Silvana,

Plus ravissante que la reine ta mère !
Ainsi de paroles d'amour
Son père l'entretint.
De ses yeux elle pleurait,
De sa bouche elle disait :
Dieu ne veut pas une chose pareille,
Que je sois la rivale de ma mère[5].»

Meier, David, peut-être vous autorisiez-vous de la *Halakha*, qui, si elle prohibe le mariage entre un frère et une sœur, une tante et son neveu, ne l'interdit toutefois pas entre l'oncle et sa nièce[6] !

Avec la fin de l'Empire ottoman et l'inflation, il n'y eut bientôt plus d'affaires à réaliser à Vienne. David, qui entre-temps avait travaillé en Belgique puis au Maroc, où il décora de miroirs le harem du sultan – lequel lui offrit en signe de reconnaissance une épée sertie de pierres précieuses –, décida alors de s'installer près de Paris où il vendit du matériel de laiterie. La famille habitait un appartement à Enghien. Tsio Meier, tsia Esther et leurs deux enfants, qui eux aussi avaient opté pour le regroupement familial et ne pouvaient plus payer l'hôtel, vinrent les y rejoindre. « Je m'endormais le soir sans savoir avec qui j'allais me réveiller le lendemain matin », se souvient encore Peppo. Jacky jouait les grands frères, apportant des gâteaux, trimbalant son cousin Peppo à l'arrière de son vélo, lui donnant sa première leçon de conduite. Des frictions étaient inévitables dans le petit appartement surpeuplé.

Joseph s'était pour sa part installé à Nice, et il décida d'offrir un fonds de commerce à sa fille Flora, avec le peu d'argent qui lui restait : il avait bien possédé un immeuble à Vienne, mais les locataires avaient refusé de se laisser déloger, et sa femme Rika avait joué toute sa fortune au casino de Nice ! Flora donna son nom à sa boutique, qui existe d'ailleurs toujours, en plein centre-ville. Ce commerce de vêtements périclita, jusqu'au jour où elle dénicha une employée peignant sur des chemisiers de soie, dont raffola la clientèle de femmes de marins d'un bateau américain stationné à Villefranche. David et sa famille partirent à nouveau les rejoindre. A Nice, David vendit une fabrique de pasteurisation après qu'un Allemand lui eut délivré la formule pour injecter des produits dans le jambon pour éviter de le faire tremper des jours entiers dans la saumure ! Pendant la guerre, David accueillera beaucoup de réfugiés espagnols dans un local qu'il organisera en dortoir, les nourrissant de *garvansos*. Plus tard, un riche Juif égyptien communiste leur fera don de la villa « La Lobélia », sur une colline, où ils accueilleront les réfugiés d'Allemagne, d'Autriche, beaucoup plus exigeants. Peppo, qui avait volontiers fait le sacrifice de son sucre matinal au profit de ses grands-parents, se souvient encore d'une petite comptine qu'il fredonnait pour tromper sa faim :

A la maison, y a plus de repas,
Faut la sauter les gars
On s' nourrira
Dès qu'on pourra
Avec un rutabaga...

1. Personnage mythique auquel on attribue une grande audace.

2. *Historia de la Chevra Chessed ve-Emet de Rischuk desde su fondacion 1864 fin la celebracion de su jubileo 1914*, Rusé, 1914.

3. Tobie, 6, 12.

4. Lév. 18, 6.

5. « Se paseava Silvana », *Chansons judéo-espagnoles* interprétées par Hélène Engel, Autour du monde.

6. *Shulhan Arukh*, « Even ha-Ezer », 15.

2

SALONIKI

Moïse et Allegra

Chassés d'Espagne, les Juifs choisirent également comme destination Salonique, la « mère d'Israël », qui offrait aux Juifs persécutés un refuge aussi sûr que Jérusalem [1].

La première vague d'immigrants était arrivée tout de suite après l'expulsion de 1492, n'hésitant pas à sacrifier tous ses biens pour sauvegarder sa foi. Une seconde vague, des marranes, arriva au XVIe siècle : éduqués dans la religion chrétienne, parfois ils se signaient encore et se découvraient devant les objets saints. Des heurts se produisirent entre ces deux communautés, les premiers traitant les seconds de « fils de *goyim* ». A partir de 1526, à la suite des campagnes de Soliman le Magnifique en Europe centrale, arrivèrent à leur tour des ashkénazes d'Autriche, de Transylvanie et de Hongrie. Enfin, les Juifs provençaux installés à Salonique appelèrent leurs coreligionnaires, expulsés de Provence en 1550, à venir les y rejoindre pour vivre comme eux, « en paix et en sécurité ». Et c'est ainsi que Salonique devint une véritable cité juive – elle le restera jusqu'à son annexion par la Grèce en 1912 – où l'on ne comptait pas moins de trente-six groupes distincts, l'espagnol acquérant une prépondérance telle que les Juifs originaires d'autres pays durent à leur tour apprendre le castillan. Les

Juifs reproduisirent le modèle d'organisation communale des *aljamas* espagnoles dont le statut avait été fixé par le synode de Valladolid en 1432.

Si les familles les plus modestes ne parlaient que l'espagnol de l'époque de Cervantès, au *Talmud Tora* on étudiait l'hébreu et le turc, alors langue officielle, puisque Salonique était encore sous domination ottomane. Dans les familles plus aisées, on avait conservé le castillan, mais on parlait en outre français, signe de distinction dans la hiérarchie sociale. La France était en effet la plus chérie de toutes les nations étrangères, même si les commerçants préféraient pour leur part l'Allemagne. Au cours d'une visite qu'il fit en 1911 à Salonique, le sultan convia quelques enfants particulièrement méritants à venir étudier dans un prestigieux lycée français de Constantinople. Bientôt pourtant, les Serbes, les Croates, les Bulgares et les Monténégrins se soulevèrent et furent aux portes de Constantinople : la guerre balkanique éclata et tous les étrangers furent renvoyés. La Turquie s'effondra, Salonique devint grecque : de nouvelles lois, de nouveaux règlements douaniers furent promulgués. La Turquie d'Europe fut morcelée, une partie revenant aux Bulgares, une autre aux Serbes.

Tous les Juifs gardent manifestement un souvenir ému de la Salonique d'avant la Première Guerre mondiale où les séphardes, majoritaires, prétendaient vivre très harmonieusement avec les autres minorités, turque, bulgare, et grecque. Les Juifs bénéficiaient en effet du statut des Capitulations signé depuis François Ier, constamment renouvelé jusqu'alors, et ils jouissaient d'une grande autonomie au sein de leur communauté. Pourtant, en 1923, Kemal Atatürk dénonça le traité et, à compter de cette date, le jour de fermeture hebdomadaire obligatoire des magasins fut fixé au dimanche et non plus le shabat.

La vie familiale, les relations d'affection entre parents, la solidarité familiale, la célébration rituelle des fêtes primaient tout. Ainsi allait-on visiter les morts au cimetière – *ir a ziyara* –

pour les convier à célébrer la nouvelle année. C'était aussi l'occasion de chauler de frais les demeures. On avait le sens de l'hospitalité : quelqu'un arrivait-il impromptu, il était bien accueilli et on lui proposait traditionnellement le *charope blanko*, le verre d'eau et le café sur un plateau d'argent. Chaque dame avait son « jour » de réception pour partager papotages et goûters, et recevait le plus luxueusement possible un nombre impressionnant d'invitées. Certes, l'ostentation était de mise, mais on savait également s'entraider et faire preuve de solidarité à la moindre occasion. La vie était douce sur les rives du Bosphore : on naviguait en petites barques, on avait sa cabine au bord de l'eau[2].

Si la mar era de letche,
los barkitos de kanela...

« Si la mer était de lait,
les petites barques de cannelle[3]... »

Il semble que les Juifs détestaient les Arméniens, affichant à leur endroit un sentiment de supériorité. De même l'orgueil ibérique s'exerçait-il face aux ashkénazes, très minoritaires, de condition plus humble, et qui n'avaient qu'une synagogue sur les trente-sept que comptait la ville. Certes, les Grecs et les Turcs traitaient bien les Juifs de *çifut*, certes le shabat on se battait à coups de pierres, et le vendredi saint les Juifs n'osaient pas sortir de chez eux, l'accusation de meurtre rituel revenant chaque année. Rien de comparable toutefois à ce qu'eurent à subir les Juifs d'autres villes comme Konya ou Damas[4].

Pourtant, ce vendredi saint 28 avril 1899, un Israélite du nom de Joseph Avigdor, mon arrière-grand-père du côté maternel, le père de mamou Léa, habitant Dag Haman, un faubourg de Constantinople, fut pris à partie par des Grecs à Tarabye, municipalité de la ville d'Istanbul, sur les bords du Bosphore. Il ne s'y rendait ni pour guérir une quelconque maladie broncho-pulmonaire, ni pour y respirer le bon air et manger du poisson en famille, mais pour affaires car, comme la plupart des Juifs, il était commerçant. Quelques exaltés, fanatisés au récit qu'on leur avait fait à l'église du supplice du Christ, voulurent assouvir leur vengeance sur cet Israélite, descendant selon eux des déicides. Ton père Joseph n'a sans doute pas osé te raconter, mamou, par honte ou par pudeur, peut-être pour garantir son prestige à tes yeux d'enfant, comment la police, puis l'administrateur de la communauté grecque, durent intervenir pour le protéger contre la vindicte populaire. Il était alors âgé de trente-huit ans, et c'est encadré de gendarmes qu'il fut réembarqué sain et sauf à bord d'un bateau[5].

Mais c'est à partir des années 1920, du fait de l'arrivée à Salonique des Grecs d'Asie Mineure, envieux de la prospérité juive, qu'apparut un véritable antisémitisme. En 1922, Venizelos, leader libéral ayant pris le pouvoir, après avoir essuyé un premier échec contre les partisans du roi Constantin en 1917, l'*abalaï*, l'échange de populations chrétiennes orthodoxes d'Asie Mineure contre des Turcs transportés en Anatolie, ne fit qu'aggraver la situation.

Prima Allegra, petite-fille d'Élise Cuenca – celle dont un an après sa naissance les parents n'arrivaient toujours pas à se mettre d'accord sur le choix du prénom, *Simha* ou Alice, jusqu'à ce qu'un cousin exigeât ce compromis –, naquit à Salonique. Si elle choisit abba, son cousin germain, comme cavalier pour son premier bal, elle épousa pourtant un Moïse Akşiyote. De son propre aveu, abba était fort bon danseur, très bon vivant, le cœur sur la main, très gai. Pourquoi lui a-t-elle préféré Moïse alors ? Abba n'appartenait-il pas à cette « famille royale » comme les Stambouliotes la désignaient ?

– Je ne voulais pas épouser un cousin, se justifie-t-elle.

C'était pourtant monnaie courante dans cette famille !

– … Et puis il avait treize ans de plus que moi… Moïse seulement huit…

Primo Moïse, qui se considère lui-même comme *gueso ajeno*, descendait, il est vrai, d'une illustre lignée de médecins : son propre père était médecin militaire, tandis que Peppo Akşiyote, fameux neurologue, inaugura la première clinique de neurologie à la faculté de médecine de l'université d'Istanbul, Angelo Akşiyote, un autre cousin, étant pour sa part médecin du sultan. Mais Moïse souffrit du quota imposé aux étudiants juifs en médecine, qui l'empêcha d'embrasser la pédiatrie, spécialité réservée aux musulmans, et il dut se contenter de devenir chirurgien, médecin-chef de l'hôpital. Il en garda de l'amertume même s'il ne prit sa retraite qu'en 1985, et, après avoir liquidé tous ses biens à Istanbul, y compris la maison d'été aux îles, il partit en compagnie d'Allegra s'installer à Mexico auprès de leurs enfants et petits-enfants.

Moïse est le troisième d'une fratrie de cinq enfants : Benjamin, Victor, Sol et Annette, tous plus remarquables les uns que les autres, à l'en croire. Après ma rencontre avec Sol, je retrouvai une chanson à la gloire d'une héroïne du même nom, « Sol *la Sadika* », dont fort heureusement, elle ne partagea ni le triste sort ni les odieux tourments. Elle nous relate en effet les tortures qu'endura une vierge juive pour n'avoir pas voulu abjurer la foi de ses pères en faveur de la loi de l'islam, même sous la contrainte la plus cruelle. Dénoncée auprès du gouverneur par une intrigante répondant au nom de Tara, Sol fut jugée puis emprisonnée, le tribunal lui enjoignant : « Maure tu vivras ! juive tu mourras ! » Sol savait qu'elle risquait la peine de mort, mais elle tint bon :

Yo senyor e nasido ebrea,
I ebrea tengoy ke morir.

« Juive je suis née, / Et juive je mourrai. »

Et elle se prépara mentalement à prendre congé de ses proches, bravant le bourreau :

No kyero ser mora. Sige tu ofisyo infame traidor.

« Je ne veux pas me convertir, poursuis ton office, traître infâme ! »

La vue de son propre sang, s'écoulant de sa gorge tranchée sous l'épée, ne fit que la conforter dans sa résolution de démontrer aux yeux de la postérité comment doivent se comporter les Justes :

Ay de mi ! ke de penas padesko… Ke mi istorya se estenda en el mundo. Las donzeyas ke tyenen valor, no se fien en ninguna mora, para verse komo se vyo Sol.

« Pauvre de moi, que de peines j'endure… Que mon histoire se répande par le monde, que les vierges courageuses, à aucune Maure ne se fient, pour ne pas connaître le sort de Sol[6]. »

Sol, celle qui ne fut pas martyrisée, s'est vu pour sa part octroyer la nationalité française, à titre de récompense, lorsque son fils, Denis, remporta le Premier Prix au concours général de mathématiques, le général de Gaulle saluant ainsi l'exploit : « Le prix de mathématiques nous a été ravi par un petit Turc… »

Mathilde et Marguerite

A Salonique comme à Constantinople, la coutume voulait que, lorsqu'une femme avait successivement perdu plusieurs enfants en bas âge, elle les vendît symboliquement – contre six petites cuillers d'argent par exemple – à une autre famille qui les rachetait ainsi de manière légale, avec ou sans contrat, adoptant – *mshtebnia, shtebnet* – celui ou celle qui n'était pourtant pas orphelin. Un grand-père qui n'avait eu que des filles, pouvait ainsi « adopter » un petit-fils afin de s'assurer que le *kadish* serait dit à sa mort[7] !

C'est à cette coutume que Marguerite Cuenca – pourquoi pas Mercada ou Comprada pour cette *restecada* ? – aujourd'hui âgée de quatre-vingt-dix ans, sourde et quasiment aveugle, la mémoire de la famille Cuenca – et fille de Mathilde Avigdor doit d'avoir eu la vie sauve.

Mathilde Avigdor était la sixième des sept enfants qu'eut Elia Avigdor, mon arrière-arrière-grand-père maternel. Veuf de Léa Cohen, avec laquelle il avait eu un petit Joseph – celui-là même qui fut pris à partie le vendredi saint à Therapia –, Elia épousa en secondes noces Oro, la sœur cadette de sa femme, encore célibataire, évitant ainsi que la dot de l'aînée ne fût dilapidée. Leur fille Mathilde, demi-sœur de Joseph, épousa un Isaac Cuenca, originaire de Salonique : une génération plus tard, les deux familles s'allieront à nouveau, côté Gabay cette fois-ci, lorsque ima épousera abba. Isaac Cuenca jouait en Bourse ; il perdit et se pendit. Mathilde, dont beaucoup d'enfants étaient morts en bas âge, réussit toutefois à faire vivre sa fille Marguerite. A la mort de son époux, Mathilde était encore enceinte : elle prénomma ce nouveau fils Isaac, lui aussi, plutôt que Chilibon comme le voulait la tradition pour les enfants posthumes, la *brit mila* se déroulant dans un coin de la maison, sans fête pour ces *nasidos al kanton*. Elle confia le nouveau-né à ses beaux-frères Cuenca de Salonique et partit, avec sa fille aînée Marguerite, rejoindre sa propre famille à Istanbul. Pour épargner un nouveau malheur à la veuve – avait-elle oublié de jeûner à Kipur pour que le sort s'acharnât ainsi contre elle, ne savait-elle pas que rire le shabat assure le bonheur de la semaine tout entière ? –, la famille Adjiman se chargea de Marguerite. Elle n'eut pourtant pas la vie douce, et dut la gagner comme caissière dans un magasin de papiers peints sur Istliklal Cadessi, l'une des artères les plus commerçantes du quartier de Péra.

Le jeune Isaac, élevé par ses oncles, se maria, eut à son tour trois enfants, mais fut victime de l'invasion des troupes allemandes à Salonique, le 9 avril 1941, les Grecs coopérant avec les troupes hitlériennes. Vexations, insultes, coups, envoi dans des bataillons de travaux forcés à partir de juillet 1942, préparèrent l'arrivée d'Aloïs Brunner et de Dieter Wisliceny en février 1943, date à laquelle entrèrent en vigueur les lois de Nuremberg. Le port de l'étoile jaune devint obligatoire pour tout Juif de plus de cinq ans, les magasins, les maisons juives se couvrirent d'affiches jaunes, trois ghettos furent instaurés.

Tu n'eus pas, Isaac, l'astuce de Vidal, le père d'Edgar Morin, qui joua de sa nationalité « espagnole » – n'appartenait-il pas à ces trois cent seize familles qui avaient toujours gardé leur nationalité ? – et auquel les Allemands, perplexes, accordèrent un *salveconducto* grâce auquel il put ainsi effectuer à quatre reprises l'aller et retour en pleine guerre ! Le 15 mars, le premier train à destination d'Auschwitz-Birkenau quitta Salonique, déportant tous les Juifs du ghetto du baron de Hirsch. Lequel de ces dix-neuf convois déportant quelque cinquante mille Saloniciens qui prirent la route de mars à mai 1943 fut-il le tien, Isaac ?

C'est à toi, à vous, qu'est dédié le poème « Siniza i fumo » d'Avner Perets :

Siniza i fumo
Bolando, kayendo
En un esfuenyo malo
Sin salvasion.
En la guerta kemada
Asentada la fija.
Pasharos pretos
Apretan su korason.
Siniza i fumo
Inchen sus ojos.
No ay kyen ke la desperte
A darle konsolasion.
Por los sielos, ariva
Pasa la luna
Tapando su kara
Kon una nuve karvon.

« Cendre et fumée
Qui vole, qui tombe…
A ce cauchemar,
Point de salut.
Dans le jardin brûlé,
Une jeune fille est assise.
Des oiseaux noirs
Obscurcissent son cœur.
Cendre et fumée
Emplissent ses yeux.
Personne pour la réveiller,
Personne pour la réconforter.
Là-haut dans le ciel
La lune passe,
Se voilant la face,
Derrière un nuage de cendres [8]. »

Fin août 1943, Salonique, la « mère d'Israël », était complètement épurée : après la Seconde Guerre, il ne restait plus que mille cinq cents Juifs, dont cinq cents de nationalité espagnole.

1. S. Usque cité par E. Benbassa et A. Rodrigue, in *Juifs des Balkans…*, *op. cit.*

2. *Mémoires juives*, présenté par L. Valensi et N. Wachten, Gallimard, Paris, 1986.

3. « La Serena », *Kantes djudeos espanyoles* interprétés par Fortuna, La Prima Vez, Saõ Paulo, 1993.

4. *L'enfance ailleurs. Mémoires juives,* propos recueillis par F. Schulmann, Clancier Guénaud, Paris, 1980.

5. Alliance israélite universelle, *Bulletin*, Paris, 1899.

6. Vidas Largas, *Chants judéo-espagnols. De Tétouan à Oran*, interprétés par Henriette Hazan.

7. L. Valensi et N. Wachter, *op. cit.*

8. *And the World Stood Silent. Sephardic Poetry of the Holocaust*, translated in English and with commentaries by Isaac Jack Levy, University of Illinois Press, Urbana and Chicago, 1989.

3

CONSTANTINOPLE

Sur la rive européenne, dans le quartier de Galatasaray

Salomon Cuenca, mon grand-père paternel, mourut trop tôt, je ne le connus point. Sur une terrasse surplombant le Bosphore, grand-père Salomon – t'aurais-je nommé papou ou *nono*? – tient le narguilé entre ses genoux.

Contrairement au Salomon biblique, incarnation de la sagesse et de ses limites, ce grand-père-là régna exclusivement sur sa famille. Sacrifiant à l'exogamie, contrairement à ses frères, il se contenta, qui plus est, d'une seule épouse, Rébecca Nahmias. Rébecca, étais-tu cette candide brebis au cœur de la famille que présente la Bible, puisant de l'eau et accueillante à l'étranger qui n'hésite pas à suivre l'élu pour une terre lointaine ? Avais-tu grandi dans une famille sainte et ancestrale ? Il paraît que ton père, Moïse, un banquier, avait eu deux femmes, Sara, puis Régine, qu'il fut le premier à aménager une salle de bains dans votre appartement de Varna.

Salomon et Rébecca Cuenca donnèrent naissance à Victoria, à Reginika, à un nouveau Jacob – abba – et à une petite Flora, morte encore enfant : « une enfant ravissante aux yeux de velours », se souvient la Flora de Miami.

Tres ermanikas eran,
Blancaz de roz,
I ramas de flor!

« Elles étaient trois petites sœurs,
blanches et roses,
et rameaux de fleurs [1]... »

La famille Salomon Cuenca vécut à Toz Koparan Cadessi, successivement dans deux immeubles, proches de l'hôtel *Péra Palas*, dans le quartier de Galata. L'été se passait à Adalar, l'archipel des Princes, sur l'une ou l'autre des quatre îles, Proti, Antigoni, Halki et Prenkipo, qui est la plus grande ; toutes portent maintenant des noms turcs. En avril, toute la famille s'y transférait pour cinq mois : *alevantamos el göç*. On emmenait la glacière, les matelas, il ne fallait manquer de rien ! Ce devait être délicieux de prendre le ferry sillonnant la mer de Marmara pour se rendre dans les différentes petites villes de la côte asiatique.

Les filles, Régine et Vicky, fréquentaient l'English High School, et non l'Alliance israélite universelle, trop populaire pour cette famille « royale ». Elles avaient droit à une leçon de Bible hebdomadaire : pour l'Ancien Testament, toutes les élèves étaient présentes, les Juives et les Turques étaient dispensées du Nouveau. *Ke lo bueno !* dans ce petit uniforme marine et blanc, coiffées, hiver comme été, d'un canotier de paille blanche portant l'inscription « English High School » ! Il faut croire que l'école rouvrit après avoir été fermée lorsque la Première Guerre éclata, la Turquie devenant l'ennemie de l'Angleterre. La fille de Régine, la Rita de San Francisco, a voulu faire le pèlerinage : elle avait emporté avec elle le certificat d'excellence en Histoire décroché par sa mère en 1920. L'école est aujourd'hui publique et non plus privée, mais les cours se tiennent toujours en anglais. Rita a pu visiter entièrement l'école, grimper tous les escaliers jusqu'à la cafétéria, visiter toutes les salles de cours, elle est sûre que rien n'a changé. Elle a rencontré la directrice et plusieurs professeurs, et a passé un moment formidable !

Tu naquis, abba, en 1908, sur un fond sonore de *Hürriyet i Vatan, Zito, Zito !* un 14 juillet, comme tant d'autres, à en croire les registres tachés d'encre des communautés. L'enjeu était en effet d'échapper au service militaire devenu obligatoire le 23 juillet 1908, date de la révolution des Jeunes-Turcs, pour tous les sujets ottomans, y compris les minorités qui jusqu'à présent y avaient échappé. 1908, l'année où Haïm Nahoum, soutenu par les modernistes de l'Alliance, et favorable aux idées des Jeunes-Turcs, fut élu au poste de « faisant fonction » de grand rabbin, puis, en 1909, à celui de grand rabbin de l'Empire.

1908 : c'est aussi l'année où l'Organisation sioniste mondiale ouvrit sa première agence à Istanbul. Bientôt toutefois, face aux guerres incessantes, un autoritarisme pan-turc prit le pas sur le libéralisme du mouvement jeune-turc.

Pour toi, Jacob, tes parents choisirent les Frères de saint Joseph, à Moda, sur la rive asiatique, un lieu de villégiature pour les Stambouliotes, avec ses dancings et ses grands hôtels. Tu étais donc pensionnaire, abba ! Tu n'y fus pas heureux semble-t-il, particulièrement lorsqu'il te fallait réciter à la chapelle « Notre Père qui êtes aux cieux… » au lieu d'*Adonai elohenou*. Est-ce que les petits musulmans y étaient eux aussi contraints ? Pour te « laver » de ce signe de croix qu'on t'imposait chaque matin, tu récitais dans ta tête dis-tu, le Shema Israël. Peut-être revivais-tu ainsi l'histoire de tes lointains ancêtres marranes Joancho et Isabel : lors du *Kol-Nidreï* à Yom Kipur, tous les crypto-juifs se couvrent en effet le visage de leurs châles. Tu appris le français, puisque tes sœurs, elles, apprenaient l'anglais ! Et bien sûr, entre vous, vous ne parliez que djudyo.

1921. Tu as treize ans, Jacob, l'âge de la majorité religieuse, l'âge où les marranes révélaient à leurs fils le secret de leur ascendance. Pour toi, point de secret, tu sus toujours, et l'une des premières recommandations graves que tu fis à ta fille Sara, fut « n'oublie jamais ! ». Pour satisfaire aux obligations de ta *bar mitsva*, il t'a fallu apprendre par cœur, « comme un perroquet », précises-tu, un passage de la *Paracha* de la semaine de ta naissance : *U-ve-yom hakim et hamishkan*, « le jour où l'on avait dressé la Demeure [2] ». L'hébreu n'est en effet pas encore la langue « nationale » des Juifs : il ne sera désigné comme tel qu'en 1924, après la fondation de la République turque par Kemal Atatürk. Le judéo-espagnol, langue de ton ancêtre Joancho, est encore la tienne.

Treize ans, il est temps pour toi Jacob, de parfaire ton éducation : tu t'es assez frotté aux gamins grecs, turcs et arméniens des rues de Galata, et tes parents, Rébecca et Salomon, ont décidé, Jacob, que tu n'as plus rien à apprendre à Istanbul. Il te faut partir pour Vienne. Depuis la fin du XIXe siècle, Vienne et Paris exercent une attraction concurrente pour les études, pour la culture. Tu connais déjà le français, le *djudezmo*, le turc, le grec, l'arménien, un peu d'anglais puisque Vicky et Reginika suivaient les cours de l'English High School. Connaissais-tu aussi le bulgare ? Tu t'amusais à interpeller ta propre belle-mère en russe – *kak vy pojivaytié, babouchka ?* Un Juif qui ne parlait pas plusieurs langues était considéré comme faible d'esprit en ce temps-là : *ijo mio a la eskola tu te iras, i el tudesko te ambezaras*, le monde n'est-il pas suspendu au souffle des enfants qui vont à l'école ? Outre les banquiers et distingués commerçants, une nombreuse et brillante jeunesse orientale peuplait en effet les amphithéâtres viennois où elle recueillait les lumières de la culture occidentale.

1921 : mois d'adar, une petite Esther, Rozika, ta future épouse, mais tu ne le sais pas encore, naît sur la rive asiatique.

Treize ans, c'était bien tôt pour affronter seul un pays étranger. Mais sans doute connais-tu déjà Vienne : des oncles y sont installés et ta mère, Rébecca, est une habituée de l'Orient-Express, saisissant la moindre occasion familiale, bar mitsva, fiançailles, mariages innombrables de cette grande famille déjà dispersée, pour embarquer toute sa petite michpaha aux quatre coins de l'Empire ottoman ou de l'Europe !

Tu ne connaissais sans doute pas l'étrange légende attestant l'origine de la communauté séfarade viennoise fondée par Moïse Lopez Perera, au début de l'année 1730. Alors que régnait en 1728 l'Inquisition en Espagne, par une nuit de violent orage, une femme se présenta à l'entrée principale du palais de l'Inquisition à Madrid : elle souhaitait obtenir de l'Inquisiteur général, don Diego de Aguilar, la grâce de sa fille, condamnée à périr sur le bûcher le lendemain à l'aube, son seul délit étant d'être juive. Face au refus de l'Inquisiteur, la femme éplorée s'écria :

– Tu ne peux pas la gracier, même si je te révèle que cette jeune fille est ta sœur et que cette femme à genoux devant toi n'est autre que ta mère ?

Et la malheureuse de conter à l'Inquisiteur sa propre histoire : son mari ayant été condamné au bûcher, et elle-même et sa fille ayant été autorisées à accepter la foi chrétienne, la mère donna naissance quelques jours plus tard à un fils. Élevé dans la foi juive, il fut kidnappé, à l'âge de sept ans par l'Inquisition, la mère et la sœur réussissant pour leur part à s'enfuir. Plusieurs années plus tard, elles revinrent toutefois à Madrid où la jeune fille fut appréhendée et condamnée à mort.

– Tu étais mon fils, tu t'appelles Moses Perera, révéla la femme.

Émue et retrouvant son passé, l'Inquisiteur se décida à intervenir : il était pourtant trop tard pour sauver sa sœur aînée. Débarrassé de son habit religieux et arborant une chaîne d'or, don de l'archiduchesse Marie-Thérèse, l'ex-Inquisiteur partit en compagnie de sa mère, laquelle mourut en chemin, solliciter la protection de l'empereur Charles VI à Vienne. Bientôt ses mérites lui valurent les faveurs de la cour et du chancelier, si bien que de nombreuses familles juives vinrent s'établir auprès de lui. Un jour pourtant, la rumeur lui parvint que les sépharades seraient chassés d'Autriche. En dépit des propos rassurants de son ami le chancelier, l'impératrice ne voulut plus le recevoir. Perera entreprit alors des démarches auprès de l'illustre juif espagnol de Constantinople, le prince de Camondo, pour qu'il fasse intervenir le sultan. Quelques semaines plus tard, un courrier extraordinaire fut dépêché à Vienne et remit à l'impératrice une lettre de son souverain. Marie-Thérèse convoqua son conseil et, au cours d'une séance secrète, elle notifia au sultan qu'elle accédait avec d'autant plus de plaisir à sa requête que l'exil des Juifs n'avait jamais été décidé ! Le même jour, le conseil fut dissous et le chancelier fut chargé d'en constituer un nouveau ; il voulut appeler Perera, mais celui-ci avait quitté Vienne sans que personne sût sa destination : Bucarest ou Amsterdam[3] ?

A Vienne, Jacob, tu ne connus plus la pension : Victor Frances, ton cousin germain, fils de Sarina Cuenca et de Bohor Frances, y est déjà installé avec sa jeune épouse Djemille Bensasson. De même, le plus jeune de tes oncles, David Cuenca, et sa nièce-*sposika* Flora. Tu habites peut-être avec eux Austellungstrasse, ou encore chez l'aîné de tes oncles, Joseph. Lorsque tu y arrives, ton oncle Meier en est déjà reparti : Nelly, sa fille, se souvient d'avoir assisté aux funérailles de l'empereur François-Joseph du haut du balcon de l'hôtel *Continental* sur le Danube, où ils vivaient. Dès 1904, tsio Meier s'était intéressé au sionisme. Il avait rencontré Herzl au congrès de Bâle et organisé à Vienne des réceptions en l'honneur de Jabotinsky qui tentait de convaincre les Juifs d'immigrer pour la Palestine. Pris pour un contrebandier notoire, un homonyme, tsio Meier fut emprisonné trente-six heures par la police autrichienne avant d'être relâché. La famille se transplanta à Budapest, mais, las, une partie de la fortune que Meier transportait toujours sur lui dans son portefeuille tomba à l'eau alors qu'il ramait sur le lac Balaton ! Lorsque survint la révolution communiste, avec Bela Kun, ils partirent de nouveau, pour Lugano cette fois-ci. Une fois de plus, l'astuce de Meier, qui avait truffé une motte de beurre de bijoux et de pièces d'or, fut déjouée, la motte de beurre lui étant volée à la frontière suisse !

Chez tes oncles de Vienne, comme chez toi à Galata, tu parles judéo-espagnol et français, abba. Mais il te faut apprendre l'allemand, la langue du commerce. Aurais-tu été en âge d'assister aux conférences de Karl Kraus qui attiraient un public nombreux et fervent d'admirateurs, que tu n'en aurais pas eu l'idée : on te destinait au commerce, tu étais l'unique fils et comme tel, *ijo regalado*, tu devais prendre la succession de « Cuenca Frères », les oncles commençant à se faire vieux. Peut-être fréquentiez-vous la société Esperanza, l'une de ces innombrables sociétés à l'idéal sioniste qui n'avaient au reste aucune finalité politique, ethnique ou religieuse, se contentant d'être de simples cercles récréatifs, d'organiser des bals et autres réjouissances frivoles. Mais vous célébriez certainement les fêtes dans la synagogue de la rue du Cirque, bâtie dans le style arabe de l'Alhambra de Grenade.

Tu entres au *Realgymnasium* de la Stubenbastei. Tu t'essayes à fumer, à moins que tu ne fasses semblant, en compagnie d'un de tes condisciples chez le photographe pour épater tes parents, tes sœurs. Le dimanche, promenade au Prater où tu apprécies les jeux de hasard, ou bien excursions dans les montagnes de Karwendel. Tu garderas toujours le goût des sommets, des alpenstocks, des culottes de peau folkloriques et des chapeaux à plumets. Plus tard, dans une autre vie, tu auras à cœur de me faire découvrir ces paysages montagneux, la route majestueuse des retours de l'Adriatique vers l'Autriche, la Suisse, la Forêt Noire, où s'achevaient d'enchanteresses vacances.

A l'occasion d'un de ses retours de Vienne à Istanbul pour les vacances, Rébecca donna une grande fête en l'honneur de son fils prodigue : Jacob était étourdi par la musique, la danse, les boissons, l'atmosphère joyeuse de sa nombreuse famille. Rébecca lui demanda sur un ton de reproche : tu ne t'inquiètes pas de ta petite sœur Florika ? C'est vrai, où est Florika ? Déjà couchée ? Florika était morte, une de ces maladies infantiles, on n'avait pas voulu troubler l'année scolaire de Jacob par cette triste nouvelle. Jacob adorait Florika, sa toute petite sœur. Il quitta la fête pour pleurer tout à son aise, plein de remords.

Les jours suivants, la douce vie d'Istanbul le reprit. Jacob avait beaucoup d'oreille même s'il ne connaissait pas les notes : il se plaisait à reproduire à deux doigts sur le piano familial les airs d'opérettes des tournées de passage, que reprenaient ensuite ses sœurs aînées, Vicky et Régine, pour le plus grand délice de nono Salomon. Ce trio-là s'entendait à merveille : cinq ans à peine les séparaient les uns des autres. La vie paraissait une fête perpétuelle : un paysage de neige, des bottines, des cols de fourrure, des toques, Régine et Vicky se bagarrent à coups de boules de neige. Une troisième, inconnue au milieu : « *With love from your sisters, March 2*nd *28.* » Bronzette à trois sur les rochers de Prenkipo, équitation, parties de tennis, festivités, voyages : la « famille royale » décidément ! Vicky, Régine encore, posent, princières, jupes en corolle déployée, immenses yeux graves : photos cartes postales, sans date. Le photographe, c'est : Sebah & Joailler, Cons^{ple}. Il paraît qu'aucun jeune homme de Constantinople n'osa les demander en mariage, tant elles paraissaient inaccessibles !

Jacob dut pourtant repartir. Cette fois-ci, ce fut pour Leipzig : il s'agissait maintenant d'intégrer une école de commerce. A Leipzig, il n'y avait pas de famille pour t'accueillir : ce fut de nouveau l'internat. Tu en gardas le goût de la discipline. A

Leipzig comme à Vienne, Jacob occupait ses loisirs au bobsleigh : il en devint champion. Est-ce pour cela que tu rêvas des mêmes titres pour moi ? À cinq ans je faisais du ski, à sept tu me donnas un professeur particulier de patin à glaces, à dix tu m'inscrivis au tennis : tu ne ménageas pas tes efforts ni ton argent, il fallait que ta fille eût la même vie que Reginika et Vicky !

Tu appris donc l'allemand. Des huit langues dont tu disposais – n'aviez-vous pas tous la bosse des langues ? –, l'allemand fut celle que tu maîtrisas le mieux, sans même une pointe d'accent. L'étonnement de tes interlocuteurs germanophones après-guerre : ton visage basané de pacha oriental ne cadrait décidément pas ! Ton oncle Meier représentait les firmes Kolbus, Krause et Fomm depuis 1932 : tu repris la représentation de la firme Kolbus, je me souviens encore du goût de bakélite des stylos-bille vert olive de mon enfance portant cette effigie. Comment as-tu pu désirer travailler à nouveau avec eux ? Nelly et Raoul, d'autres cousins, reprirent pour leur part la représentation d'une usine à trier les œufs, mais Jacky, lui, ne voulut plus rien avoir affaire avec l'Allemagne. Tu décidas également de me faire entendre l'allemand, au motif qu'il vaut toujours mieux connaître la langue de l'ennemi ! Cette langue ne fut jamais pourtant inamicale pour toi, une langue folle, les Allemands ne se réduisirent jamais pour toi à des « boches » et l'allemand, loin de s'identifier à la langue des meurtriers, demeura la langue dans laquelle tu me transmis les poésies que tu avais apprises – *Wer reitet so spät durch Nacht und Wind, Es ist der Vater mit seinem Kind*[4] –, celle dans laquelle tu chantais pour m'endormir : *Guten Abend, gute Nacht, mit Rosen bedacht*[5]...

Pendant la Seconde Guerre mondiale, la moitié du commerce de la Turquie se faisait encore avec l'Allemagne. Si la rumeur courut bien qu'on brûlait les Juifs dans les fours à pain de Balat, les « Israélites du Levant » demeurèrent pourtant des « protégés spéciaux ». Qu'avez-vous pu percevoir, de la Turquie, des « sombres temps » dans lesquels baignait l'Europe ? N'as-tu pas craint pour ces cousins installés de leur plein gré en France, et qui, soudain, étaient traqués sur le sol même de leur élection ? Sans doute croyais-tu naïvement que leur nationalité turque les protégerait, la Turquie n'étant pas partie prenante dans le conflit. On dénombrera néanmoins mille trois cents Juifs de nationalité turque qui seront déportés de Drancy vers Auschwitz. C'est ce qui arriva à tes cousines Marie et Fortunée, les filles d'Élise, dont tu n'as jamais parlé, abba : elles aussi, installées à Bayonne, furent déportées sans retour en janvier 1944.

Sans doute les échos de la tourmente vous parvenaient-ils bien : les cousins Frances, fuyant la France en janvier 1943, trouvèrent refuge à Istanbul chez tsia Elda et tsio Sam Bensasson, et Rita, ta jeune cousine née à Vienne en 1924, celle qu'on ne prit pas la peine de faire figurer sur le livret de famille, découvrit enfin ce que les mots *famille*, *chaleur*, *amour*, *tendresse*, voulaient dire. La spécificité de l'antisémitisme ne pouvait vous apparaître, tout au plus s'agissait-il pour vous d'un nouvel antijudaïsme : face au retour des persécutions, il suffisait, pensiez-vous, de fuir en pays neutre, de changer de nationalité, de changer de nom, en somme de ruser. Tu choisiras toi-même cette voie, abba, lorsque à ton tour tu prendras racine en France, lorsque tu ne voudras concevoir ton enfant qu'« en eaux territoriales françaises ». La France n'était et ne sera pour toi que le pays qui, le premier, octroya à ses Juifs l'émancipation et l'égalité en 1791. De Vichy qui les transforma de nouveau en parias et persécutés, tu n'as rien voulu savoir.

Après la guerre, Vicky, qui avait épousé un Bulgare, Meier Vradjali, émigra de Sofia avec leurs deux enfants, Rita et Tico, vers Israël : c'était en 1949, mais Jacob continua à évoquer sa « sœur de Palestine ». Régine vécut un peu partout au gré des déplacements de son premier mari : Espagne, Amérique du Sud, Égypte, France, États-Unis jusqu'à son divorce. Abba, une fois nono Salomon mort, resta seul avec nona Rébecca, sa mère chérie. « Cuenca Frères » ayant fait faillite, il lui fallut s'employer, à son grand déshonneur. Il gravit rapidement les échelons pourtant, et se retrouva directeur d'*Ottach Ticaret Türk Sirketi* à Ankara. Jacob quittera la Turquie après son mariage avec Rozika en 1945, celle-ci ayant exigé le retour en France. Abba perdrait une situation chèrement acquise ! Tant pis, il n'aurait qu'à travailler avec Merkado et Vittalutcho, sa belle-famille. Lorsque Reginika se remaria avec Isaac, alias Jo Pappo, eux aussi se fixèrent à Paris et ce fut l'occasion pour deux des membres de l'ancien trio de se retrouver. Vicky venait également en France régulièrement : elle fumait des Winston, et Rozika en prit à son tour l'habitude. Je me souviens du chagrin d'abba lorsqu'il reçut le faire-part de décès de Reginika en 1970 : je n'avais encore jamais vu abba pleurer. Puis ce fut le tour de Vicky, en 1983 : ce jour-là, ima asséna d'un air apitoyé à abba : « Désormais tu es seul au monde. »

Sur la rive asiatique

Sur la rive asiatique vivaient les Gabay qui allaient devenir vos « alliés ». Le *gabay* en hébreu, signifie le trésorier, le financier, l'administrateur de la synagogue. Certes tu aimais *las paras*, papou, mais je n'ai pourtant jamais entendu dire que Merkado, Menahem, Marco pour la France, descendît de ces Gabay qui, à l'instar des Mendes ou des Carmona, furent banquiers des janissaires, amoncelant ainsi des fortunes colossales jusqu'à la destitution de ce corps par Mahmud II en 1826. Pas davantage qu'il fût un descendant de Yéhézhiel Gabay, le banquier de Bagdad, et encore moins de Meir Ibn Gabbai (1480-1540), kabbaliste, critique de Maïmonide, auteur du *Avodat Hakodesh*, « le service divin ».

Tu naquis, papou, en 1881 à Istanbul, fils d'un tavernier emporté jeune par la tuberculose et enterré à Kadikoy. Chaque veille de Kipur tu embarquais ton harem en bateau, puis en calèche, pour aller nettoyer sa tombe. Merkado n'est pas un véritable prénom, il se substitue plutôt au prénom originel, pour celui qui vient d'échapper à une maladie grave, à un danger mortel, tout comme Haïm, Menahem, Vidal, Vita. On le donne parfois aussi à l'enfant mâle qui vient remplacer un frère aîné mort prématurément.

A quel péril avais-tu ainsi échappé ? Lequel de tes frères aînés étais-tu censé remplacer ? Tu appelleras à ton tour ton premier-né Haïm, comme ton propre père – Haïm deviendra Vittali, prénom qui signifie la vie, mais pourquoi André, plutôt qu'Henri en français, comme le veut le code usuel des transcriptions ? Décidément, que de dangers conjuriez-vous, que de précautions contre le mauvais œil, les doigts secrètement en corne ! Pour me protéger, mes propres parents, peut-être sur ta recommandation, épinglèrent toujours sur mon oreiller d'enfant une petite pierre bleue, à la mode de Turquie.

De toi je possède, sans savoir comment, un passeport. Tu habitais à Şişli, un quartier chic. Vous y aviez emménagé après qu'un grand incendie eut ravagé le faubourg de Dag Hamman où vous étiez alors en villégiature : de la maison en feu – *Yangin var! Yangin var!* – on avait réussi à faire sortir toutes tes fillettes, mais mamou te supplia d'aller rechercher le portrait de son jeune frère Nissim. Quoique son prénom fût synonyme de « miracle », il mourut pourtant du typhus en 1919. Lors du génocide arménien, tu recueillis trois familles que tu installas dans ton sixième étage, là où l'on faisait la lessive à la cendre avant de l'étendre dans l'un des deux patios, celui qui était ouvert. Le soir, réunis autour du *mangal*, vous écoutiez, émus, le récit de leur fuite éperdue à travers les déserts de Turquie jusqu'à Constantinople. Parmi les fugitifs, Siranouch, qui avait perdu son mari dans la tuerie et égaré ses deux fils. Ceux-ci, elle les retrouva vingt ans plus tard pourtant, à Marseille, par l'intermédiaire de la Croix-Rouge.

Un jour mamou demanda à Fathma, la domestique de couleur :

– Pourquoi as-tu l'air si triste, je ne veux pas de gens tristes dans ma maison !

Fathma avoua qu'elle était enceinte. A son accouchement, on envoya Mustapha, l'homme à tout faire, celui qui amenait les ballots de linge au hammam, quérir des nouvelles à l'hôpital. Il revint effaré :

– Son enfant est blanc !

Fathma rentra à la maison en compagnie de son bébé : on l'appela Ibrahim et toutes les fillettes raffolèrent de lui.

La cousine Beky de Jérusalem écrit : « Nous étions une grande famille. Nous sommes dispersés à présent… Sur la côte asiatique vivaient les Gabay… Après un grand feu, tout le monde est passé à Istanbul, côté Europe. C'est à ce moment-là qu'oncle Merkado a dit qu'il devait partir à Paris, à cause des enfants, pour leur donner une meilleure éducation… c'était en 1925, je crois. » Elle ne se trompait pas de beaucoup.

Le 11 août 1927 – tous tes enfants sont donc déjà nés –, tu t'embarques seul, papou, « sans compagnons », stipule le document, à destination de « Paris et les autres pays étrangers » pour des fins de « commerce ». Ton signalement : « Taille moyenne, visage rond, teint brun, cheveux châtains, yeux clairs » – tiens, aucun enfant n'a retenu cette rareté chez nous – « nez régulier, bouche *id.*, moustache châtain, barbe rasée » – quand je t'ai connu tu en portais pourtant une. Ton voyage dura trois mois : après Paris, l'Italie, la Suisse, la Bulgarie, la Russie. Je possédais une jolie valise de cuir constellée de visas qui me venait de toi, et qu'ima me donna à ta mort. Mais où est-elle passée ?

Parcourant l'Europe, tu cherchais, semble-t-il, le meilleur endroit pour implanter ta famille. Depuis 1924, tous les établissements juifs s'étaient vu imposer un programme officiel diminuant considérablement le poids du français, et ils étaient placés devant le choix d'enseigner soit en turc, soit dans leur prétendue langue maternelle, l'hébreu, que peu d'entre eux pratiquaient. Peut-être pressentais-tu la campagne de harcèlement contre ceux qui osaient parler des langues étrangères en public, l'interdiction de toute instruction religieuse dans les écoles, que connurent les années 1930 ? Tu souhaitais rejoindre ton fils aîné, pensionnaire au lycée Michelet de Vanves, que tu avais expédié en France, désireux de le faire échapper par avance au redoutable service militaire turc ! Tu abandonnas ta profession : commissionnaire en tissus venus de Manchester. Tu plaças habilement ta fortune à l'étranger, et tu devins bientôt expert en caoutchouc, créant le comptoir commercial *Mundia*, 5 rue Saulnier. Sur un papier à en-tête de la société, ta femme, Eléonore Gabay, née Avigdor, a tracé à l'intention de son frère Elie, Liatchouna, émigré au Pérou pour échapper à la conscription ces quelques lignes non datées, et à l'orthographe quelque peu phonétique :

« *Mi kerido ermano Elia,*

« *Vingo de recivir une karta d'invitation : me diché kyen sea esté Italiano ke se yama Elia Avigdor Cohen. Despoues me pinsi pouédesser ke es el ijo de mi ermano. Ya pensas mi allegria de imaginarmé ke es Jojo ke té esta dando esta contantés à la végés. Boueno ke passé amen i té allegrés. Siempré tingo saloudés touyos ke mé mandas por Albert. Ya esta bueno agora. Touvo oun accidenté ke sé kayo i eskapo de la mouerte. Estouvo 15 dias al hopital. Agora ya esta boueno kon esto. Souetto boueno ke passé amen. Te ambrasso por toda la familla. Tou kérida ermana ke te ambrassé.*

« *Eléonore Gabay.*

« *Mi kérido Jojo touvé grande allégria ke te estas casando i ke sé allégré Papa in sou vegés. Bueno ke passés kon tou quérida mouger i in ora bouena ke séa. Embrassas a Clairette por mi.* »

« Mon cher frère Elie, Je viens de recevoir un carton d'invitation. Je me suis demandé : qui peut bien être cet Italien qui s'appelle Elia Avigdor Cohen ? Puis j'ai pensé : c'est peut-être le fils de mon frère ! Tu penses comme je me suis réjouie à l'idée que c'est Jojo qui te donne cette joie dans ta vieillesse. Que tout se passe bien, amen et que tu te réjouisses. Albert me transmet toujours tes salutations. En ce moment il va bien : il a eu un accident en tombant et a échappé à la mort après avoir passé quinze jours à l'hôpital. Puisse-t-il bien se porter maintenant, amen. Je t'embrasse de la part de toute la famille. Ta chère sœur qui t'embrasse. Eléonore Gabay. – Mon cher Jojo, ce fut une grande joie d'apprendre que tu te maries et d'imaginer la joie de ton papa dans sa vieillesse. Que cette union avec ta chère femme sois placée sous un bon signe, et embrasse Clairette pour moi. »

Yako, Vida, Salomon, Rébecca, Joseph, Rika, David, Meier, Esther, Sarina, Élise, Fortuna, Vicky, Régine, Flora, Jacob : les beaux prénoms de ma famille Cuenca m'enchantaient. Je me plaisais de même à répéter à satiété ceux de la branche maternelle : Merkado, Léa, Oro, Estréa, Rachel, Elia, Nissim, Vittali, Sultana, Luna, Klara, Esther.

De la Turquie, j'imaginerai des bruits, des couleurs, des odeurs, des bribes d'enfance de mes parents : les cris des marchands ambulants, le panier qu'on laissait filer des balcons des maisons de bois noir, les *yalis*, et qu'on remontait chargé de victuailles. Le gobelet d'eau fraîche du porteur d'eau. La baignoire de ma mère, la dernière-née, la plus gâtée, que l'on mettait à chauffer au soleil sur le balcon. Les dimanches à Burgaz ou Büyük Ada : la rangée de fillettes empesées, fraîchement sorties du hammam – *Ya sale Melisenda de los banyos de banyar*[6] – qui attendaient le petit vapeur chargées des paniers du pique-nique : *borekitas, halva, kaymak, hommous, kefte*... Parfois, en villégiature au bord de l'Adriatique, mes parents évoquaient *kon eskarinyo* l'odeur des roses d'Istanbul – je croyais que les roses étaient d'Ispahan – l'appel du *muezzin*... *La illah il allah.*

De ce grand-père-là du moins, j'ai beaucoup plus de souvenirs, puisqu'il s'installa effectivement avec toute sa famille en France en 1931. Mais ce sont des souvenirs de France.

Une photo, rue Léon-Bonnat, l'année de ma naissance : tu portes un béret, un poupon s'agite dans tes bras de grand-père apparemment ravi, rejeton de ta fille cadette, ta préférée, la plus jolie, la dernière, mais sans doute aussi la plus obéissante, celle qui jamais n'osa se rebeller contre ta loi, celle qui te déçut le moins. Je serai pourtant vite détrônée : Judith, plus jeune que moi de quatre ans, la fille de ton fils aîné me ravira ton cœur ; normal, elle sera élevée dans la religion juive, mangera kasher, apprendra l'hébreu, fera sa *bat mitsva.* Elle habite l'immeuble à côté du tien et c'est elle qui prend ses cours de piano dans votre salon toujours houssé qui sent la naphtaline et où l'on dressera – pourquoi au salon ? – le lit de mort où il faudra contempler le masque de mamou. « Elle est belle, non ! » me souffle tsia Sultana, déjà affairée à trier les dentelles, à genoux devant les coffres dont mamou portait jalousement les clés à sa châtelaine autour de la taille. Le rabbin, celui de Copernic – tiens, je ne savais pas que vous étiez passés chez les libéraux du XVIe arrondissement ! – murmure en se balançant dans un coin. C'est mon premier contact avec la mort, mon premier enterrement, je ne comprends pas pourquoi on m'offre des œufs durs, des olives, des dattes. C'est pour avoir le courage d'affronter ce qui va suivre. Bientôt arrive le fourgon mortuaire : Vittali tient absolument à ce que Rozika, en tant que fille cadette, prenne place dans le fourgon, à côté de lui, le fils aîné ; ima pique une crise d'hystérie, pleure, se débat, appelle abba au secours. Abba est écrasé et un peu lâche : il se contente de dire : « On n'aurait pas dû laisser monter Rozika, elle est trop fragile », et il essuie une petite larme de remords.

Un jour, ima et abba partirent se réconcilier à Londres, un voyage de quelques jours. On me laissa avec Éva, la bonne d'alors, dans l'appartement de la rue Poussin, mais Éva me menait chaque jour prendre la *merenda* chez mes grands-parents. Je plonge une main potelée dans la bonbonnière en bois gravée de fleurettes de la rue Léon-Bonnat, non sans avoir humé au préalable l'odeur intense de bergamote des bonbons de *Haci Bekir*, une des plus célèbres pâtisseries d'Istanbul, qui en imprègne le couvercle. *Kyeres un bonbon, hanum, hanumika?* Personne ne s'adresserait plus jamais ainsi à moi. *No yores, mi alma.* Chez toi, abba, la bonbonnière était de chez Christofle et toujours pleine de dattes fourrées, d'amandes, de loukoums : ima et toi y puisiez de chaque côté de la table en regardant la télévision. Papou poursuit mamou autour de la table en la menaçant de sa canne; elle s'échappe avec des cris d'oiseau blessé : vous êtes encore capables de vous disputer! Éva me ramène vite rue Poussin. Nous sommes pourtant encore chez vous le jour du retour des parents. Je déballe le cadeau qu'ils m'ont rapporté, une immense poupée de cire laiteuse aux cheveux merveilleusement bouclés et noirs, vêtue d'une gabardine bleu marine et qui marche lorsqu'on lui donne la main. Je ne me souviens plus de quel nom je l'avais appelée, de toute façon j'en changeais chaque semaine, occasion de la baptiser de nouveau dans le jardin de mes amies, les petites Popesco.

C'est dimanche, et comme souvent, nous venons vous rendre visite. Aujourd'hui il y a des *malebis* à l'eau de rose et à la cannelle. Abba est essoufflé et hors de lui : il vient de passer des heures dans les allées du parc de Saint-Cloud à me retenir par mon chandail pour que j'apprenne enfin à faire du vélo sans petites roues ! Vous habitez le rez-de-chaussée et vous lisez tous deux toujours devant la fenêtre, face à face dans vos fauteuils de cuir griffés par les chats. Toi, papou, tu as toujours ton livre de prières en main et tu te balances inlassablement. Mamou, elle, est abonnée à la librairie *Lavocat*, avenue Mozart, depuis des années, et la libraire s'arrache les cheveux chaque fois qu'ima va lui chercher de nouveaux livres : tu as déjà lu et relu tout leur fonds d'après leurs fiches, et l'on ne peut tout de même pas donner n'importe quel roman trop moderne à une vieille femme de ton âge et de ton éducation ! Mais lis-tu vraiment, ou te contentes-tu d'occuper tes yeux ? Le peuple du Livre ! Il faut cogner au carreau pour vous prévenir de notre arrivée car vous êtes devenus un peu sourds, et l'on s'énerve beaucoup lorsque vous n'avez toujours pas décroché le téléphone à la cinquième sonnerie : il faut venir voir s'il ne vous est pas arrivé quelque chose, et vous refusez de nous confier la clé. Vous marchez difficilement, aussi : pour t'épargner d'aller jusqu'aux W.-C., au fond du long couloir sombre, car tu n'allumes pas la lumière – pourtant ce n'est pas shabat, mais avarice Gabay oblige –, on t'a installé, papou, un urinoir dans l'office de la cuisine, plus proche. Je n'ose plus m'approcher de la cuisine. Mamou arrive en traînant les pieds dans ses pantoufles : *Ke haber, kerida?* Mais c'est à toi, papou, que je veux montrer mes prouesses du jour. Il me faut patienter, sacrifier au rituel : non, aujourd'hui je ne te baiserai pas la main, ce n'est pas jour de fête ! Pour une fois tu feins d'être compréhensif : tu pinces ma joue entre deux doigts que tu portes ensuite à tes lèvres, mais tu as pincé trop fort, histoire de me faire sentir ton mécontentement. J'ai la joue rouge. Afin de me punir de mon insolence, tu ruses, tu laisses exprès glisser ta *kipa* de ton crâne chauve et lisse et tu me jettes un coup d'œil de côté qui signifie clairement : ramasse-la pour moi ; il me faut obtempérer, la remettre en place, je n'aime pas l'odeur de renfermé de cette kipa. Tu t'approches enfin de la fenêtre, tu es vêtu comme toujours de ta robe de chambre écossaise, et tu admires, de tes yeux délavés par la cataracte, ta petite-fille qui sait faire du vélo dans l'impasse. Derrière le mur, les Orphelins d'Auteuil, où je vais souvent au cinéma avec ima voir les *Sissi* les dimanches de pluie. Je ne sais pas, à cette époque, ce que veut dire *orphelin*.

Tu viens, très rarement, rendre visite à ta benjamine rue

Molitor. Ima se meuble enfin : jusqu'à présent elle a toujours vécu, à sa grande honte, dans des « meublés ». Elle fréquente les antiquaires. Elle vient d'acheter un évêque de bois sculpté qu'elle a audacieusement juché sur un billot de boucher, dans l'entrée. Tu es furieux : que fait ce saint chez elle ? Tu lances ton chapeau sur lui pour au moins le masquer.

C'est Kipur. Malgré ton grand âge tu as jeûné tout le jour, passé toute la journée à prier à l'ENIO, rue Michel-Ange, que dirige encore celui qui deviendra plus tard mon professeur de philosophie. Le soir venu, nous te rejoignons. Je ne comprends rien, mais je suis émue, et j'adore la sonnerie du *shofar*, j'ai le sentiment d'appartenir à une grande famille : est-ce toi qui conseillas à mes parents de m'envoyer au cours d'instruction religieuse et d'hébreu ? Je n'y restai pas longtemps, préférant les cours d'enseignement ménager : j'appris surtout à faire des friands aux amandes. Ces gâteaux, bien peu orientaux, tu les appréciais fort pourtant, et souvent je t'en apportai : *Benditchas las manos ke tal fizyeron!* t'exclamais-tu. Nous quittons le temple pour nous rendre chez toi. Je guette la première étoile dans le ciel qui m'autorisera à me jeter sur les délices que mamou prépare depuis plus d'une semaine. Il faut d'abord tapisser l'estomac : on trempe de petits morceaux de pain dans un bol d'huile épicée, on boit une tasse de café au lait. On bavarde, c'est très bruyant, Sultana trouve le moyen de demander à abba sur un ton faussement suppliant si ce mois-ci encore, il pourra lui « faire son échéance » : pourquoi ne demande-t-elle pas à son père, à son frère ? Elle est sûre de leur refus : abba, lui, ne refuse jamais, et toute sa vie il enverra de petites pensions à ses sœurs veuves, « pour ne pas qu'elles manquent », ce qui met ima hors d'elle, et que raillent les tantes maternelles : toute sa vie abba aura été exploité, par sa mère, par ses sœurs, par ima…

La pièce semble belle, rayonnante, mais le rituel de *Pesah* est encore plus mystérieux. Pourquoi n'allons-nous pas jeter nos péchés dans la Seine, comme le faisaient ces juifs pieux de

Bulgarie dans le Danube[7]? A moins que ce ne soit pour *Rosh Hashana*? Comme enfants, il n'y a que Sara, Judith et Marco, les enfants de Vittali : ceux de Luna et du « Russe blanc » ont été ondoyés pendant la guerre; est-ce pour cette raison que tu les refuses à ta table? Par rang d'âge nous défilons devant toi pour te baiser la main et recevoir ta bénédiction en retour : main à plat sur notre tête, tu psalmodies *Yo te bendigo... Amen!*

Août 1960. Nous sommes en vacances sur l'Adriatique comme souvent, abba ne voulant à aucun prix remettre les pieds en Espagne avant la mort de Franco – tiens, et pourtant nous sommes allés une fois à Majorque, chez les *Chuetas*! N'as-tu pas su, abba, que le 20 décembre 1924, sous la dictature de Primo de Rivera, les sépharades furent invités à demander la nationalité de leurs ancêtres, y compris les anciens protégés et leurs descendants, avant le 31 décembre 1930! Pour autant, accorder la nationalité n'était pas, il est vrai, accorder le droit de réinstallation : « La race de Jacob est partout un élément pernicieux pour les saines mentalités des peuples d'Occident », soutenait encore Duque de Amalfi, agent diplomatique de l'Espagne à Bucarest[8].

Ima a reçu un télégramme. Tu es passé dans « le monde de la vérité », papou, tu ne te balanceras plus rituellement sur tes prières, tu n'égrèneras plus ton chapelet d'ambre, je ne te préparerai plus mes *pastelikos*. Rozika paraît bouleversée : plus jamais elle ne pourra humblement s'incliner sur ta main décharnée, *Le bezo las manos, senyor padre*. On me laissa en Italie sans me demander mon avis : seule sur la plage, sous la tente. Seule à la salle à manger où les autres pensionnaires s'apitoient et se transmettent la nouvelle : *è morto il nonno*. L'*avvocato* dont je vois tous les jours sécher le corset sur les fils des *bagnini* Virgilio et Virgilia, en profite pour m'emmener le soir manger un *gelato al limone*. Quand ils revinrent, ima était très silencieuse et elle me repoussait souvent. *Dechala*, m'intimait abba, oubliant que notre langue était le français, et à Rozika : *no te merekyes, hanum* – tiens, je croyais que ce mot doux m'était réservé ! Abba lui-même est plus grave, plus attentif : sans doute aimait-il un peu son beau-père, il avait perdu son propre père jeune – « mon pauvre papa ! », suivi d'un gros soupir. Est-ce que Makhlouf et Marco ont assisté à la cérémonie ? Et le Russe blanc, tsio Michel ? Il y a peu d'hommes dans cette famille, ce sera toujours difficile de réunir le *minyan*. Tsio Vittali a dit le kadish, en sa qualité de fils aîné, et unique.

Tu n'émietteras plus ton pain dans le potage, tu ne réclameras plus *el trontcho* de la salade ! Est-ce que je mangerai encore du *laban* à la cannelle ? Maintenant que tu n'es plus, qui ira faire les courses chez les frères Eradjian ? En souvenir de toi, je demandai ton livre de prières : tiens, tu ne le lisais pas jusqu'au bout, et tu avais besoin d'une édition bilingue hébreu-français ! Klara me donna beaucoup plus tard tes Psaumes de David : à la page 10, psaume 18, celui qui commence par le verset « Je t'aime, ô Éternel, qui es ma force ; Seigneur, tu es mon rocher et ma forteresse », je retrouvai en guise de marque-page un naïf dessin de citron dû à ton petit-fils Marco ainsi qu'un mandat de la Sécurité sociale se montant à 288 francs de l'époque et datant du 29 décembre 1959. Ima, elle, me donna ta canne.

La dernière photo de toi : à Flins, dans la maison de campagne de ton fils, tu as dû être fier qu'il ait planté ses racines. Abba, jaloux sans doute, dira : « Mon beau-frère a une vue unique sur les usines Renault ! » De même tsia Klara achètera-t-elle une maison près de Houdan : *maşallah, esto i muntcho*, où mamou ira souvent après ta mort. Cette maison abritera aussi mes amours adolescentes.

Pour te remplacer auprès de mamou, qui avait du moins gagné à ne plus être ainsi tyrannisée, qui n'a plus à se précipiter babouches d'une main, cafetière de l'autre, pour répondre à ton coup de sonnette impérieux, plus d'omelette au persil à préparer en hâte quand tu avais un petit creux, on trouva des

Yako Cuenca et Vida de Botton, Varna, vers 1920. Archives SCD

Klara (Cohen) et Joseph Avigdor jeunes mariés, Constantinople, 1880. Archives SCD

Hermine, Léon et Rozy Policar avec leur employée devant leur magasin, 24 rue Dufour, Paris, 1932. Archives J. Policar, Paris

Salomon Cuenca et Rébecca (Nahmias) avec leurs enfants, Plovdir, 1913. Archives SCD

Salomon Cuenca à Brousse, 1906. Archives Buby Frances

Joseph Cuenca et Rika (Covo) en costumes saloniciens, vers 1912.

David Cuenca à Vienne, vers 1920.

Archives Jo Cuenca, Colombie

Marco Gabay et Éléonore (Avigdor) et leurs enfants. De gauche à droite :
Klara, Vittali, Sultana, Luna, Esther (Rozika), Constantinople, 1927. Archives SCD

Nelly Cuenca, vers 1920.
Archives Claude Saporta

Jacky Cuenca, vers 1920.
Archives Rita Frances

Flora Cuenca en paysanne
bulgare, vers 1910.
Archives Jo Cuenca

A Constantinople vers 1925. Au dernier rang et de droite à gauche : *Régine Cuenca, Hermine Policar, Vicky Cuenca. Archives SCD*

Le magasin de Yüksûk Kalderim à Constantinople, 1925.
De droite à gauche : *Élie, Becky et Moïse Kohen avec Isaac, l'employé.*
Archives Becky Roza, Jérusalem

Luna et Rozika Gabay
Paris, 193?
Archives SC?

Moïse Nahmias à Varna, 19??.
Archives SCD

Famille Salomon Cuenca.
De droite à gauche : *Salomon, Rébecca, Vicky, Hermine et Rozy Policar, Régine, Constantinople, vers 1925. Archives SCD*

Meier Cuenca et son fils Jacky, Paris, 1962.
Archives Jo Cuenca

J

N° 20.274

Nom : BARZILAY née Gabai

Prénoms : Silvana

Date Naissance : 1912

Lieu : Istamboul (Turquie)

Nationalité : turque

LIBÉRÉ LE 29/9/42

Profession : chemisier

INTERNÉ DRANCY 40 30-8-42

Domicile : 167 Bd Haussmann

LIBÉRÉ LE 7-3-43

N° du C.C. 24.483

INTERNÉ DRANCY 27-11-42

236-E — 6379-40

Au dernier rang, le second à partir de la gauche : *Jacob Cuenca au camp d'Aşkale, Anatolie, 1943. Archives SCD*

Fichier individuel de la Préfecture de police.

Rozika Gabay et Makhlouf, Istanbul, 1er juillet 1944. Archives SCD

« locataires » pour peupler ce triste appartement et veiller un peu sur elle : l'un d'eux l'avait pourtant assommée, la pauvre vieille ! Elle se remit, touchons du bois, mais elle vieillit de plus en plus : ima et Luna vont une fois par mois lui donner *un buen banyo*, elles ne sont pas assez de deux pour hisser cette masse – enceinte six fois, seulement la moitié des douze tribus d'Israël ! – dans la baignoire-sabot, la frotter, l'étriller de rasoul selon ses exigences, lui teinter ses cheveux de mauve, la sécher et la mettre au lit : *Ayde mana ! Maneate, pateja !* Ensuite, malgré ses protestations, elles s'affairent à réparer le désordre des armoires emplies à ras bord de petits sacs marron de fruiterie : que gardais-tu là-dedans ? Des restes de bougies consumées du shabat, des pâtes de fruits, des pistaches, des chaussettes dépareillées, des cubes de sucre chapardés dans les cafés ! Puis elles t'apportent ta collation du soir, une biscotte Heudebert – gare si l'on se trompait de marque, il fallait retourner les changer ! – et ton *tchay* : tu l'aimais très fort et très sucré, à la pomme, comme à Stamboul, sauf qu'il n'y avait pas de samovar, mais tu préparais encore toi-même le café à la turque dans une vilaine petite casserole bleue. Elles te laissent à ta courte nuit, elles sont épuisées, bouleversées de devenir la mère de leur mère : *Buenas notches, mana...*

Il paraît que mamou, Léa-Eléonore-Losi – encore une fois de quoi se perdre, et pourquoi pas Lia ? – Avigdor, ta fiancée, t'avait attendu sept ans, papou, non point que tu lui aies préféré une Rachel, la « dame d'en bas », mais le temps que tu maries tous tes frères et sœurs plus jeunes, Rachel, Nissim, Maurice, Victoria, comme tu t'en étais fait un devoir à la mort de ton propre père. Léa – est-il vrai que ce nom signifie « vache sauvage » ? –, comme beaucoup de femmes de sa génération, se contenta d'être épouse et mère, même si elle ne fut pas comblée de fils : comme dans la Bible, elle fut cependant l'*Akeret habayit*, mais je ne crois pas qu'elle fut, comme dans la Bible, la plus malheureuse des matriarches. Il est vrai que tu n'étais pas Jacob et que, si tu eus quatre femmes, nous n'en sûmes rien, papou. A ta mort, mamou prit des habitudes : le samedi elle se rendait en taxi chez sa fille aînée, Sultana ; elle restait gentiment assise dans un coin de la boutique, s'amusant des allées et venues des clients. Le dimanche, elle nous rendait visite : j'allais la chercher en voiture – *la araba de la tchika !* Elle était enchantée de voir combien j'avais grandi. Après le repas dominical, ima s'isolait dans sa chambre pour tenter de réparer ses insomnies, échapper au bruit infernal de « Sports Dimanche », elle n'émergeait que si Sultana venait nous rejoindre pour la merenda. Abba restait ainsi seul avec sa belle-mère : ils n'avaient vraiment rien à se dire, même s'il se montrait toujours respectueux. Mamou passait quelques jours de vacances à la campagne, chez sa fille Klara. D'elle, à sa mort, je demandai, puisqu'ils avaient trouvé le moyen de vendre jusqu'à ma chère bonbonnière, son portrait au pastel, exécuté par le défunt mari de Klara, celui qui mourut jeune marié, d'une tumeur au cerveau. Désormais, c'est chez ton fils, Haïm, Vittali, né à Istanbul le 30 janvier 1911, naturalisé par décret le 3 août 1951, que se dérouleront les fêtes.

1. « Las tres ermanikas », chanson judéo-espagnole interprétée par Joaquin Diaz, *Todas la voces de Sefarad*, Saga, 1988.

2. Nombres, 9, 15.

3. A. Pulido, *op. cit.*

4. Première strophe du poème « Le roi des Aulnes », de Gœthe.

5. Berceuse de Brahms.

6. M. Mila y Fontanals, *De la poesia heroico-popular castellana*, Barcelone, 1896.

7. E. Canetti, *Histoire d'une jeunesse, la langue sauvée*, Albin Michel, Paris, 1980.

8. Lettre au ministère des Affaires étrangères, 22 mars 1922. Cité par J. Ouahnon, « La politique de l'Espagne à l'égard des Juifs de 1925 à 1945 », *Les Nouveaux Cahiers*, n° 72.

III

ENTRE ORIENT ET OCCIDENT : LE TEMPS DES ALLIANCES

Tres ermanikas son.
Las dos eran kazadas,
La una se desperdio.

« Elles sont trois petites sœurs.
Les deux étaient mariées,
L'autre se perdit[1]. »

La *michpaha* Cuenca

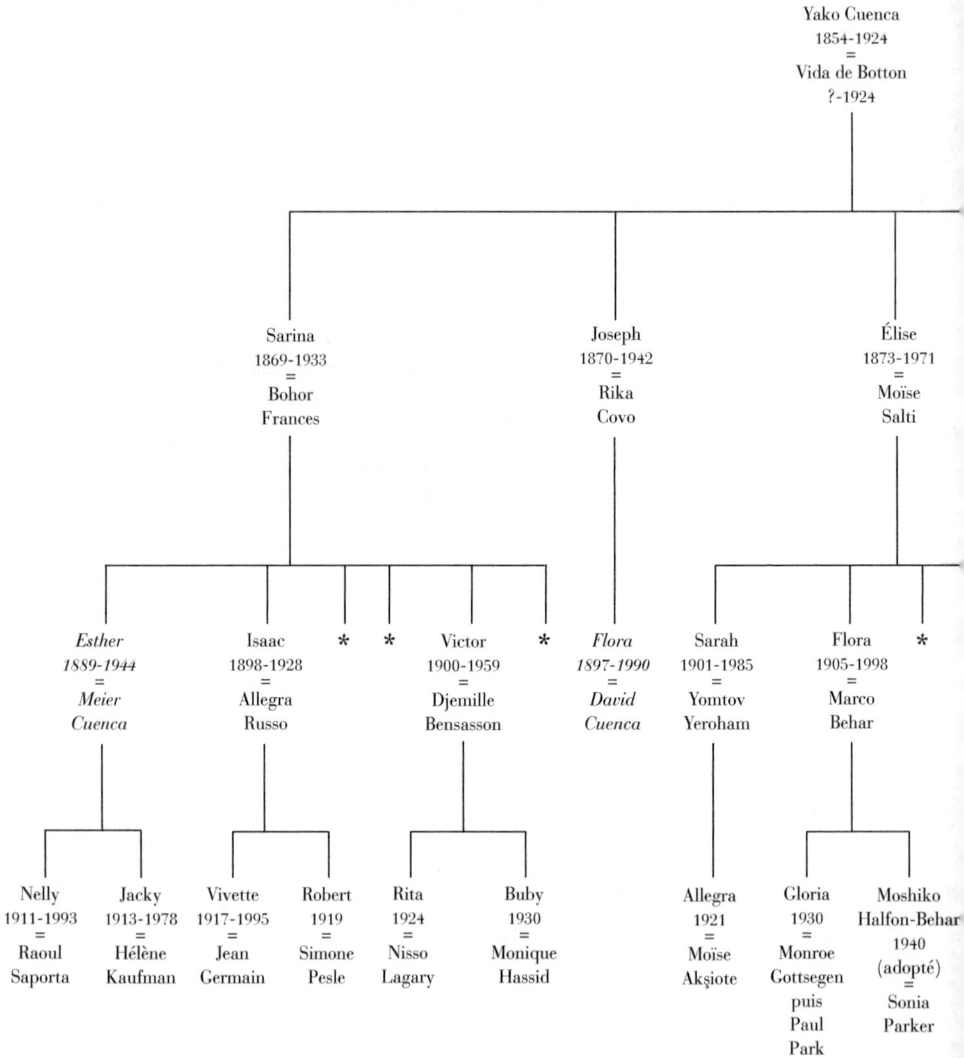

Ne figurent nommément ici que les personnages mentionnés à un titre ou à un autre dans le récit. Les autres sont figurés par une étoile (*).

La descendance de Meier et Esther, de même que celle de David et Flora (en italique), n'ont été portées qu'une fois.

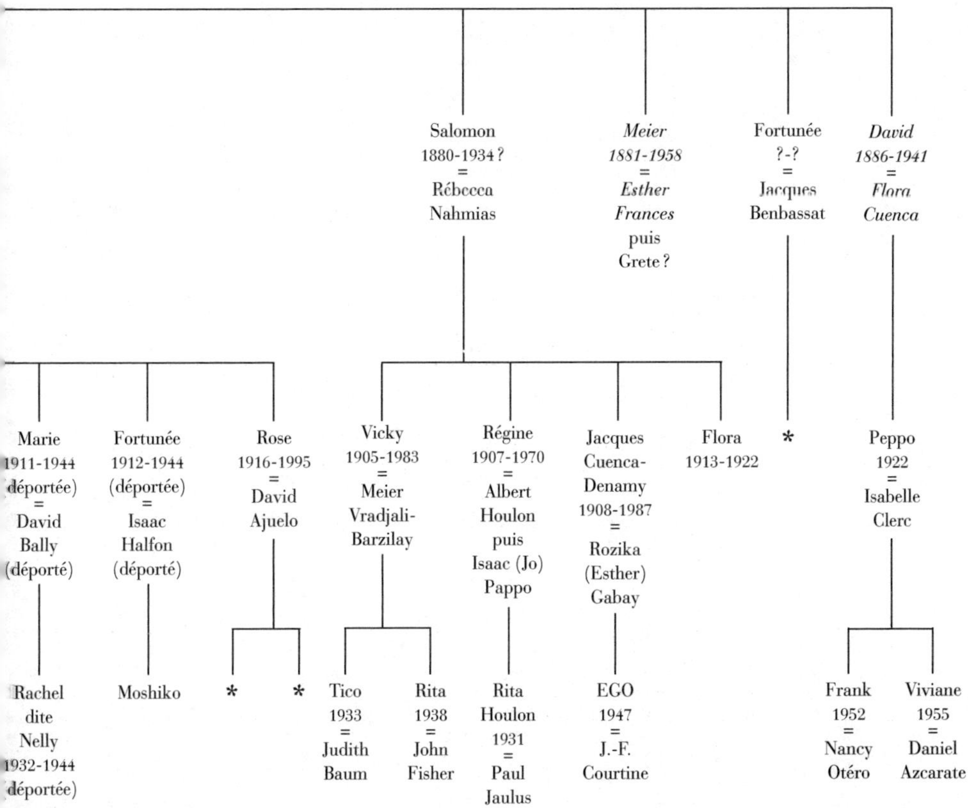

1

LA MICHPAHA CUENCA

Ta sœur Régine naquit le 15 avril 1907 : elle avait tout juste quatorze mois de plus que toi, abba. Elle célébra son premier mariage le 21 octobre 1930 avec Albert Houlon, originaire de Turquie. Leur fille, la Rita de San Francisco, a entendu dire, sans en être bien sûre, que son grand-père Houlon était le concierge de nono Salomon Cuenca... Toujours est-il que le jeune Albert, après avoir vu la photo de tsia Régine chez des amis communs, tomba amoureux et la demanda en mariage. Rébecca et Salomon en furent d'autant plus ravis qu'Albert ne voulait pas de dot, la beauté de la belle lui suffisant. Ainsi, l'unique dot de la famille pouvait-elle revenir comme il se doit à la fille aînée, Vicky, et qui, manquement à la tradition, n'était pas encore mariée. Cette dot, il fallait commencer à la constituer dès la naissance, broder, chiffrer chaque chemisette, chaque drap, chaque peignoir. Amasser fourrures, meubles, linge de maison, livres turques qui allaient démontrer aux yeux de tous combien la jeune fille était de *buena famiya*. Le jeune homme était-il sans travail, il fallait une dot d'autant plus confortable. Était-il aisé, la dot ne devait pas être moins importante, car il fallait le dédommager de prendre femme à sa charge ! D'où l'angoisse et les crises de larmes des jeunes accouchées, mères de plusieurs filles : *la ninya en la facha, el achugar en la kacha !*

Le mariage eut lieu à Paris, et Albert pose, au bois de Boulogne le 26 octobre 1930, en compagnie de Régine, princière, enveloppée de fourrure. Puis c'est le voyage de noces à Madrid : écolière affectée et sage devant la place de Neptune – « Riginetta, le 9 novembre » – ou, sépharade en diable, mains sur les hanches, devant le musée d'Art moderne, une semaine plus tard. Radieuse, en velours de panne, au parque del Retiro – Votre Riggy, le 14 décembre 1930. De l'hôtel *Principe de Asturias*, tu envoies des baisers affectueux à ta famille en janvier 1931 : en déshabillé, un livre au titre illisible à la main, babouches emplumées et pyjama de soie, tu ressembles à Claudette Colbert et tu signes « Ginetta », cette fois-ci. 3 avril 1931 – la lune de miel dura-t-elle si longtemps, ou vous étiez-vous installés à Madrid ? – revêtue d'une mantille somptueuse, un époux raide comme un manche pendu à ton bras : « Souvenir de la Castellena... et de son mari. »

Tu es enceinte, personne ne le sait, sans doute obéissais-tu à la vieille superstition qui voulait qu'on n'annonçât pas l'événement à venir avant le cinquième mois. Ton époux te demanda peu après où tu souhaitais accoucher : Turquie, Égypte, où vous vous trouviez alors, ou Paris ? Tu choisis Paris, et Rita y naquit le 30 août 1931. Ce ne fut pas un mariage heureux, je me souviens de l'embarras d'abba lorsque je lui demandai le nom d'un jeune élégant posant avec Régine souriante : « un amour contrarié », soupiras-tu !

Régine reprend la pose de plus belle : sur le balcon parisien, « Rita à huit semaines ». Ke lo bueno ! doivent soupirer Rébecca et Salomon de loin. Ils ne tarderont pas à faire le voyage, comme en attestent les photos prises au bois de Boulogne : abba aussi était venu, il a l'air de s'ennuyer ferme dans ce nouveau rôle d'oncle. En « dame du bois de Boulogne », toujours aussi princière, tu pousses la voiture de l'enfant en octobre 1931. L'album continue : mars 1932, « Un affectueux souvenir de la petite famille ». Août 1932, à Paris, sur un balcon toujours, Reggy est déguisée en nurse avec sa poupée debout sur un guéridon. Juillet 1933, « Baisers affectueux de la plage » : la côte normande, de petites tentes rayées. Avril 1934, « Souvenirs affectueux pour papa et maman », de Paris.

Plus trace de vous jusqu'en mai 1936, à New York, où vous étiez arrivées en 1935 par bateau, une fois qu'Albert – qui avait été récompensé de son engagement volontaire dans l'armée américaine pendant la Première Guerre mondiale par l'octroi de la citoyenneté américaine – vous eût trouvé un gîte. Août 1939, la famille Houlon est à West Point. Juillet 1941, Régine, radieuse encore, devant les gratte-ciel : ta fille ne te ressemble pas, en dépit de votre manie de vous accoutrer comme des jumelles ! Juillet 1944, Rye Beach, Albert Houlon, Mme Bensignor, Zelda Avigdor, Régine, Jacques Avigdor, M. Bensignor et leur fille. 12 février 1945, « To mother + Jacques with love ». Régine et Albert divorcèrent en 1954, et Régine se remaria avec Isaac Pappo.

Isaac Pappo était le benjamin de Victoria Nahmias, demi-sœur de nona Rébecca, et qui était arrivée, veuve de Haïm Pappo, en compagnie de ses six fils à Paris dans les années 1920. Haïm était un notable de la communauté juive de Haskovo, faisant sauter sur ses genoux le fils du roi de Bulgarie. Il possédait un puits de pétrole en Roumanie : il fut emprisonné avec deux de ses fils, Salomon et Moïse, à Plodtchki, parce qu'ils étaient tous trois Bulgares, et donc des ennemis du régime. Une fois démobilisés, après la guerre de 1914-1918, ils partirent en Russie créer une affaire d'import-export : Haïm fut à nouveau arrêté et mourut en prison ; Victoria, qui l'avait rejoint, elle, fut libérée. Salomon, Simantov, Jacob, Albert, Moïse, Isaac : quels furent vos moyens de subsistance ? Salomon Pappo, le frère aîné, et sa femme Berthe Pardo vivaient rue de la Gaîté : c'est sans doute la raison pour laquelle ma mémoire d'enfant a retenu une maison si accueillante ! Plus tard, j'appris que Salomon avait un grade élevé dans la maçonnerie : était-ce là une manière de ne pas se faire repérer comme Juif, un vestige de marranisme, ou une adhésion authentique à l'idéal universaliste de la franc-maçonnerie ? Dans l'album de famille, je retrouvai une photographie représentant Salomon et Berthe Pappo à Luna-Park en compagnie de Léon et d'Hermine Policar, leurs cousins, venus de Plodviv, l'ex-Philippopolis devenue turque en 1390, puis bulgare en 1885. Hermine et Léon tentèrent leur chance en reprenant un magasin de confection rue du Four, à l'enseigne « Janie-Rose » : l'affaire périclitant, ils repartirent pour la Bulgarie, laissant derrière eux leur fils Jacques, alors étudiant à la faculté dentaire et qui, pour arrondir ses fins de mois, était photographe de cabarets sur les Champs-Élysées. Jacques s'engagea volontaire en 1939, à l'âge de vingt ans. Après l'armistice, il s'enfuit de Paris et, de Bordeaux, il tenta de gagner l'Angleterre. Refusé, il tenta sa chance à Port-Vendres : las, le bateau sur lequel il embarqua clandestinement le débarqua à Oran. De là Jacques repartit à Casablanca, où il s'installa jusqu'en 1950, le Maroc étant alors un protectorat français.

J'avais bien connu le second mari de Régine, Isaac, Jo pour la France, médecin avenue Ledru-Rollin, où je récitais toute tremblante des poésies le dimanche, cachée derrière les rideaux de peluche verte – *bravo cherika mia!* Il était donc un cousin germain de tsia Régine : où l'on retrouve l'endogamie. Plus tard, Jo me raconta sa guerre. Fait prisonnier par les Allemands, il fut envoyé en Afrique du Nord en sa qualité de médecin. Un jour, un avion atterrit dans cet endroit béni des dieux, avec à son bord, un haut dignitaire nazi et sa fille, en proie à une crise d'appendicite aiguë. En tant que Juif, Jo n'était pas censé toucher une aryenne : pourtant il l'opéra. La jeune fille se remit si vite que le haut dignitaire proposa à Jo de le rapatrier. Mais il déclina l'offre, convaincu qu'il était que, s'il regagnait Paris, il serait de nouveau capturé et envoyé Dieu sait où ! En contrepartie, il lui demanda seulement d'expédier des vivres, des médicaments et des couvertures pour ses troupes. Jo resta ainsi en Afrique du Nord jusqu'à la fin de la guerre. Simantov, un autre frère Pappo, demeura caché pendant toute la durée de la guerre par une Française : en dépit de son prénom de bon augure, *Besimantov*, il ne se remit jamais de sa tuberculose.

Vicky, la première-née de votre fratrie, naquit le 21 août 1905. La dot des Cuenca revint donc, nous l'avons vu, à tsio Meier, un Bulgare, rencontré par l'entremise d'un *shiduch*. Il l'épousa en 1932 et elle s'appela désormais Victoria Vradjali. Vous habitez Sofia où naîtront vos deux enfants : Tico, le 9 mars 1933, mauvaise année plaisante-t-il, et Rita le 6 février 1938, guère meilleure ! Tsio Meier – encore un oncle que je n'aurai pas connu ! – poursuivit des études d'ingénieur à Vienne, puis, une fois les Juifs chassés, à Prague ; mais il n'exerça jamais pour autant sa profession. Avant la guerre, il travaillait dans l'industrie textile et après la guerre, le gouvernement communiste lui confia un poste de comptable.

D'après leur fille, la Rita de New York – toutes les filles de cette branche portent le nom de l'arrière-grand-mère paternelle, et non celui de leur grand-mère –, la famille habitait un quartier très agréable de Sofia, 55 Czar Simeon Street, et non pas le quartier juif de la Baviera, fief des ashkénazes. La Bulgarie était alors avec la Serbie un centre important du judaïsme sépharade : en 1934, on y dénombrait cinquante mille Juifs, soit 0,8 % de la population, dont la moitié vivait à Sofia. L'immense majorité d'entre eux étaient de langue judéo-espagnole, mais vous parliez bulgare. Pour n'avoir pas été un patriote ardent pendant la Première Guerre, Meier s'intégra néanmoins, au point de vous imposer l'abandon de notre langue ancestrale. Il n'avait manifestement pas compris qu'en reléguant sa langue au magasin des accessoires, c'est un peu de sa patrie, un peu de sa culture, qu'on perd. Il y avait pourtant une cinquantaine de journaux en judéo-espagnol et en bulgare, la vie littéraire était en pleine expansion au début du siècle.

Jusqu'au XIXe siècle, les Juifs de Bulgarie furent bien intégrés, tant sur le plan social que culturel. Le congrès de Berlin en 1878, signé suite à la guerre russo-turque, et qui scella la naissance de l'État nation bulgare, avait en effet obligé les pays balkaniques à accorder les droits civils à leurs minorités. Dès 1893-1894 toutefois apparurent des périodiques antisémites : *La Bulgarie aux Bulgares*, qui devint dès le second numéro *La Bulgarie sans Juifs*, ainsi que *Narodna Svoboda* (« Liberté nationale »), édités par un certain Nikola Mitakov. En 1911, le Parlement ne comptait aucun Juif pour représenter la communauté, signe manifeste de son manque d'intérêt pour la vie politique. A partir de 1930, à l'avènement des fascismes, les choses commencèrent vraiment à se gâter, les ultranationalistes menant une propagande antijuive qui reprenait les accusations traditionnelles de meurtres rituels et d'empoisonnement. La richesse de certain d'entre vous fut imputée à la malhonnêteté, et les mesures discriminatoires arrivèrent, les Juifs n'ayant par exemple plus droit qu'à cinq voitures seulement pour suivre le cortège de la mariée…

Vous n'avez pourtant pas l'air trop brimés encore, et l'album de famille parle avec insouciance, semble-t-il : Vicky et Tico, mars 1936. « A grand-maman et oncle Jacob, souvenir de Rita, Sofia, 28 juin 1938. » Nono Salomon a dû mourir entre 1934 et 1938 puisqu'il n'est plus fait mention de lui sur les dédicaces. « Vicky et Rita, mars 1940 » : vous souriez encore, alors qu'un projet de loi de protection de la nation bulgare, sur le modèle de Nuremberg, vient d'être élaboré. Sofia : « A grand-maman, souvenir de RTV, juillet 1941. » 1941 : la Bulgarie est désormais l'alliée de l'Allemagne, et autorise le passage des troupes vers la Grèce et la Yougoslavie en avril. Vicky, Tico, Rita – Sofia, mai 1942. Août 1942 : un Commissariat aux questions juives est institué. Décembre 1942 : tsio Meier dîne encore au restaurant, au son des balalaïkas.

Janvier 1943 : Victor Frances, sa femme Djemille et leur fille Rita, fuyant la France pour Istanbul, feront escale chez vous. Depuis la mi-1942, les Juifs bulgares portent l'étoile jaune – *limpieza di sangre*. Une marque distinctive – rappel du *señal real* ? – est apposée sur leurs maisons, ils ne sont plus les bienvenus dans certains lieux publics et les hommes sont envoyés dans des groupes de travail spéciaux en vertu d'une loi dite de « défense de la nation » votée en novembre 1940, à l'issue d'une entrevue de Boris III avec Hitler. Le 20 janvier 1943, à 21 h 14 très précisément, le Hauptsturmführer Dannecker, spécialiste des questions juives, arrive à Sofia. En dépit du rapport que fit parvenir Beckerle à Berlin deux jours plus tard – « Tous les Juifs de Bulgarie ne sont pas riches ; certains sont artisans, d'autres ouvriers : élevé au milieu des Grecs, des Arméniens, des Tziganes, et des Turcs, le Bulgare moyen ne saisit pas la signification de la lutte contre les Juifs d'autant qu'il ne se sent pas très concerné par les problèmes raciaux[2] » –, l'accord crucial pour la déportation d'un premier contingent de vingt mille Juifs en provenance du sud de la Thrace et de Macédoine vers l'Allemagne de l'Est fut officiellement signé le 22 février 1943 par Belev et Dannecker.

Sofia, 24 février 1943 : il pleut, il fait froid. Le 2 mars 1943, le conseil des ministres apposa son sceau sur le fatal document, tout en décidant de ne pas rendre public l'événement : le projet du zélé Belev envisageant la déportation de tous les Juifs de Sofia peu après ce premier contingent de vingt mille personnes, le secret était en effet essentiel pour parer à tout mouvement de masse des Juifs passés dans la clandestinité. Pourtant, les rumeurs de déportation des Juifs furent ébruitées : fin février, un Juif de Kyustendil, Chayim Bechar, en visite à Sofia, rencontra le Dr Vater, individu vénal, qui offrit de lui vendre l'information. Presque simultanément, la secrétaire personnelle de Belev, Lilyana Panitsa, prévint Buko Lévi, membre du consistoire officiel que lui-même et sa femme étaient sur la liste des deux mille cinq cents déportables de Sofia[3]. Des personnalités politiques intervinrent alors auprès de Boris III : le 10 mars, l'archevêque Kiril de Plovdiv envoya un télégramme au roi, menaçant de se coucher en travers de la voie ferrée si les plans de déportation étaient maintenus. Dimitur Stankov, Stilyan Chilingirov et le synode de l'Église joignirent leurs protestations.

Le 21 mai pourtant, un décret du conseil des ministres stipula l'expulsion de tous les Juifs de Sofia tout d'abord vers la province, pour les diriger ensuite vers les camps de la mort hors des frontières. Trois jours plus tard, le comité régional du Parti communiste bulgare publia un tract appelant à la résistance : une manifestation communiste, d'inspiration juive, se dirigea vers le palais. Quatre cents personnes furent arrêtées et envoyées dans le camp de concentration aux environs de Somovite[4].

Rusé, Roustchouk, cette ville sur le Danube où de nombreux Juifs se réfugièrent en 1788 lorsque les Autrichiens assaillirent Belgrade, Rusé, à la frontière entre la Roumanie et la Bulgarie, telle sera la destination forcée des Vradjali. En moins de vingt-quatre heures, il vous aura fallu plier bagage et trouver un nouveau logement. Dommolé – alias Nissim Aftalion –, surnom de votre nouveau propriétaire, pose sur l'épaule de Rita un bras protecteur le 18 septembre 1944 : tu es bien maigrichonne, ma petite cousine ! Tsio Meier travaille au camp mais rentre chaque soir. La vie était très dure, soupires-tu cinquante ans après, Rita, moins dure toutefois qu'à Plovdiv car Rusé, troisième ville de Bulgarie, reçut un traitement de faveur grâce à l'amitié personnelle de Fiko Lévi – ex-président de la communauté et membre du consistoire clandestin – avec le nouvel adjoint du chef de la police Tsonkov, homme facilement corruptible. Trois heures de liberté par jour contre deux seulement à Plovdiv, un marché noir actif permettant d'organiser de petites fêtes, l'autorisation de former des orchestres juifs, d'organiser des concerts pour la communauté. Un jour, de jeunes garçons bulgares attaquèrent ton frère Tico… il porte alors l'étoile, toi tu es trop petite. De l'autre côté de la colline, vos camarades juifs. Mais tu pèses, Rita, au bras de ton frère : il ne peut pas se sauver au risque de t'abandonner. Aujourd'hui encore à New York, tu trembles en te remémorant votre frayeur, votre honte d'enfants juifs.

28 août 1943, de retour d'une visite secrète à Berlin, Boris III meurt subitement. La législation anti-juive est abolie.

Revenus à Sofia, les Vradjali vécurent dans Bratia

Miladinovi Street. De 1939 à 1945, trois mille Juifs de Bulgarie émigrèrent vers la Palestine. De 1948 à 1949, trente-cinq mille : vous fûtes de ceux-là. Berceau du sionisme, avec à sa tête Marcou Baruch, qui fonda à Philippopolis une revue française pour la propagation des idées en faveur de l'émigration [57], de nombreuses sociétés de colonisation proches des Amants de Sion – *Hovevai Zion* – s'étaient constituées dans différentes villes : tsio Meïer aurait pu lire *El Amigo del Pueblo*, *La Boz de Israël*. Il aurait pu assister aux harangues passionnées d'un Albert Romano, président du mouvement sioniste ainsi qu'à celles du cousin d'Elias Canetti, Bernhard Arditti, qui fustigeait la supériorité atavique des sépharades, leur orgueil insensé pour le *djudyo*, prônant au contraire le retour à la langue hébraïque sacrée. Il aurait pu militer au sein d'un de ces partis sionistes de gauche, Poaley Sion, Hachomer Hatzaïr. Dès le 3 mai 1924, en effet, le comité synagogal avait institué un nouvel impôt en faveur du Kéren Hayessod, le Fonds pour la Palestine, créé en 1920 au congrès sioniste de Londres : tout contribuable était tenu de l'acquitter sous peine de se voir interdire l'entrée à la synagogue et de ne pouvoir bénéficier du mariage et de la sépulture religieuses [58].

Pourtant, rien de tout cela n'est vrai vous concernant, je crois, et Israël ne fut pas non plus pour vous ce pays où désormais les Juifs n'auraient plus honte de l'être, un refuge contre les persécutions, un foyer, même si vous aviez eu peur une fois encore. Pas davantage n'aviez-vous conscience d'appartenir à une quelconque « élite ». Non : cette branche-là choisit de vivre en Israël sans pour autant revenir à la loi de Moïse. Vous reveniez en étrangers dans ce pays façonné par des ashkénazes, après que les Sages des Nations eurent décidé de rendre aux Juifs la terre d'Israël.

Du doux pays de nos aïeux serons-nous toujours exilés? Quand verrai-je, ô Sion, relever tes remparts et de tes tours les magnifiques faîtes[7] ?

Le voyage en cargo dura cinq jours. Tsio Meier, ne connaissant pas l'hébreu, ne pouvait prétendre à un travail qualifié, et accepta de travailler dans une carrière de pierres à la construction des routes. Vicky, elle, par sa connaissance de nombreuses langues, put accueillir les enfants réfugiés de tous les pays qui affluaient vers Israël : elle gagnait un dollar par jour ! A peine arrivés, il vous fallut changer de nom, pour satisfaire à la doctrine de Ben Gourion : lors de la conférence de Czernowitz, on avait en effet décidé que l'hébreu devait régner en maître. *Am ekhad, safa akhat*, les Vradjali deviennent des Barzilay ! La version de primo Tico est quelque peu différente : agacé d'entendre son nom estropié par l'adjudant-chef lors des appels incessants à l'armée, il aurait fini par obtempérer à celui de Barzilay pour avoir la paix ! Si l'immigration de tsio Meier n'était pas liée à l'idéal sioniste, mais plutôt aux désillusions engendrées par le communisme, comment expliquer dès lors qu'il se soit si vivement intéressé à l'idéal national d'Israël, une fois arrivé dans le pays et qu'il en soit devenu un fervent pionnier ? Eût-il été seul maître du destin de la famille, nul doute que les Vradjali, pardon les Barzilay, seraient devenus fermiers dans un *moshav*. Cela n'intéressait toutefois pas Vicky qui se débrouilla pour trouver un appartement dans un quartier modeste de Tel-Aviv, rue Alharizi. Tsio Meier mourut neuf ans seulement après votre installation, en 1958, hospitalisé après une chute du troisième étage d'un immeuble en construction.

Abba était très fier de ses neveux « israéliens » : réalisaient-ils un vieux rêve qu'il n'avait jamais osé caresser ? *Si je t'oublie, Jérusalem, que ma main droite se dessèche !* La photo de Rita, la jeune soldate de *Tsahal*, trônait sur son bureau. Débarrassée de ses obligations militaires, Rita obtint une bourse d'études aux États-Unis. Sur le chemin du retour New York-Tel-Aviv, Vicky passait toujours embrasser abba à Paris : elle n'oubliait jamais les délicieux massepains faits main par une pâtissière hongroise de Tel-Aviv. C'est elle qui m'offrit pour mes dix ans le petit brillant que j'aime encore à porter.

Rita, jeune fille, vint elle aussi fréquemment à Paris. Ima et abba la chérissaient, la gâtaient, Rozika l'emmenait chez les grands faiseurs : appréciait-elle ? Elle était habituée à plus de simplicité.

1. « Las tres ermanikas », cité *supra*.

2. Vicky Tamir, *Bulgaria and her Jews, The History of a Dubious Symbiosis*, Sepher Hamon Press, for Yeshiva University Press, New York, 1979.

3. *Ibid.*

4. *Le Sauvetage des Juifs en Bulgarie*, 1941-1944, Éditions Septemviri, Sofia, 1977.

5. E. Benbassa, *Une vie judéo-espagnole à l'Est : Gabriel Arié*, LeCerf, Paris, 1992.

6. *Ibid.*

7. Racine, *Esther*.

La *michpaha* Gabay

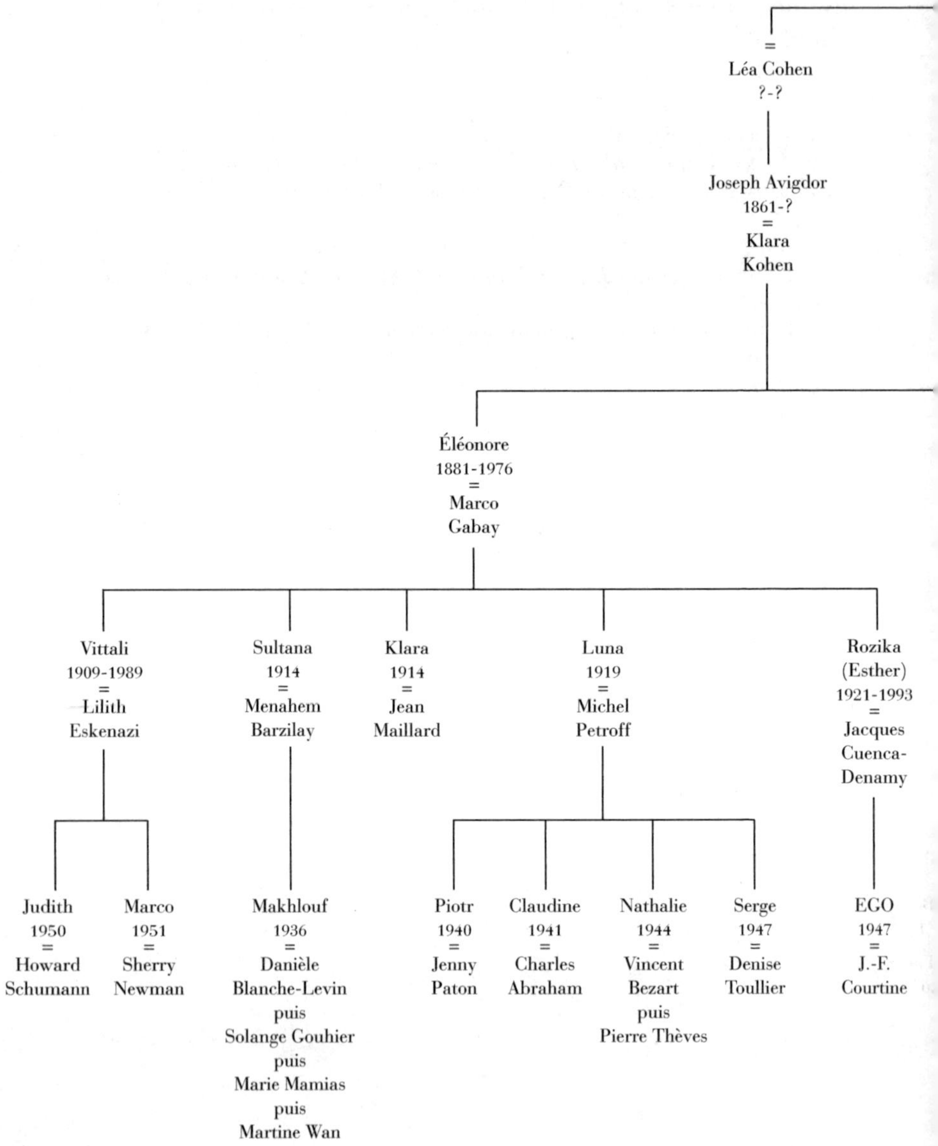

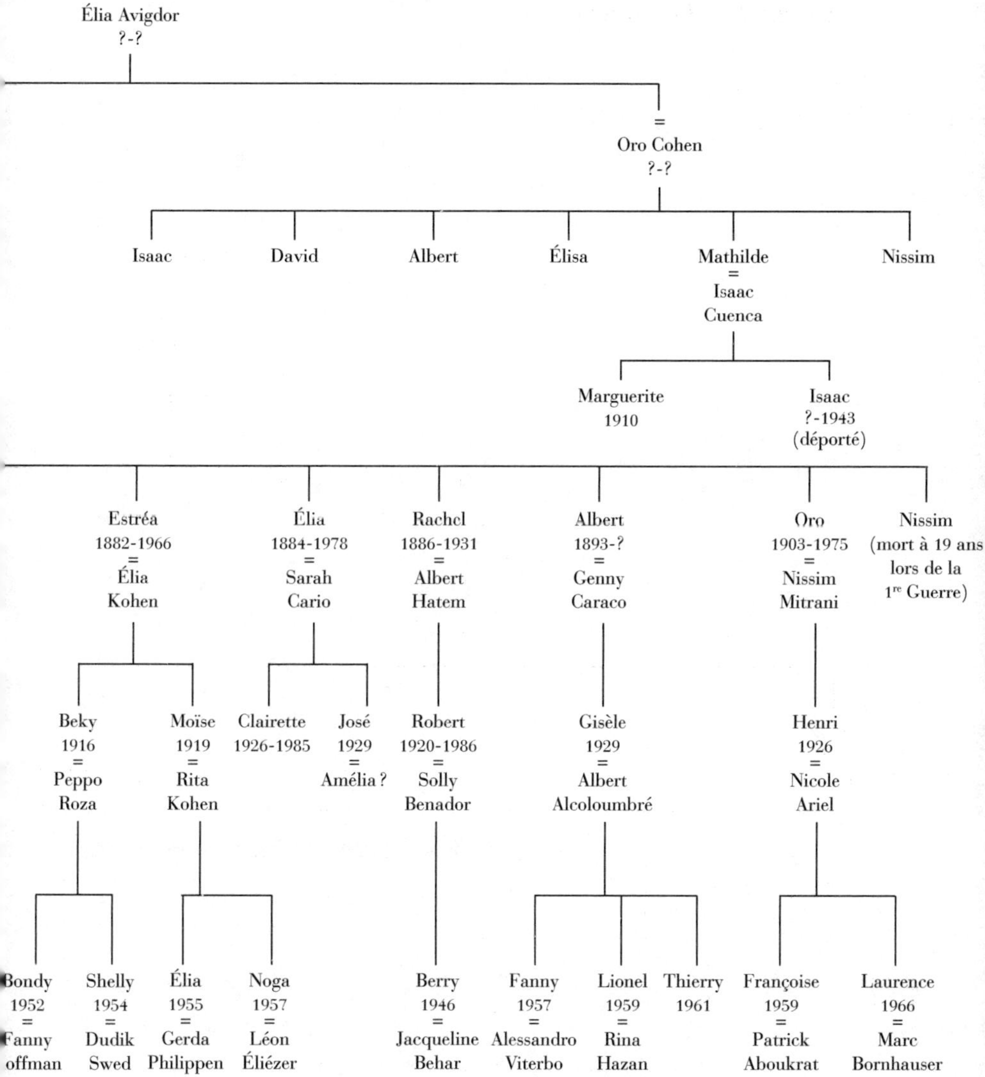
Élia Avigdor
?-?
=
Oro Cohen
?-?
Isaac
David
Albert
Élisa
Mathilde
=
Isaac
Cuenca
Nissim
Marguerite
1910
Isaac
?-1943
(déporté)
Estréa
1882-1966
=
Élia
Kohen
Élia
1884-1978
=
Sarah
Cario
Rachel
1886-1931
=
Albert
Hatem
Albert
1893-?
=
Genny
Caraco
Oro
1903-1975
=
Nissim
Mitrani
Nissim
(mort à 19 ans
lors de la
1re Guerre)
Beky
1916
=
Peppo
Roza
Moïse
1919
=
Rita
Kohen
Clairette
1926-1985
José
1929
=
Amélia ?
Robert
1920-1986
=
Solly
Benador
Gisèle
1929
=
Albert
Alcoloumbré
Henri
1926
=
Nicole
Ariel
Bondy
1952
=
Fanny
offman
Shelly
1954
=
Dudik
Swed
Élia
1955
=
Gerda
Philippen
Noga
1957
=
Léon
Éliézer
Berry
1946
=
Jacqueline
Behar
Fanny
1957
=
Alessandro
Viterbo
Lionel
1959
=
Rina
Hazan
Thierry
1961
Françoise
1959
=
Patrick
Aboukrat
Laurence
1966
=
Marc
Bornhauser

2

LA MICHPAHA GABAY

Dans la chambre à coucher si sombre de mes grands-parents, au-dessus du lit conjugal, trônait le portrait de tsio Vittali en culottes courtes, cerceau à la main, boucles tombant sur son col de dentelle : je t'ai pourtant toujours connu chauve.

Al ijo bohor – Ya vino el ninyo! En bien sea venido! – celui que mamou sur les conseils d'un sorcier turc baigna dans le Bosphore à la pleine lune pour le guérir de son hémophilie, à Vittali donc, tous les privilèges. Le prénom hébraïque Haïm, tandis que les sœurs n'eurent droit qu'à des prénoms turcs ou espagnols, ima exceptée, la plus gâtée décidément, dissimulant – vestige de marranisme – derrière son parfum de rose le prénom biblique d'Esther. Sans doute parce qu'elle aussi était du mois d'adar. Vittali, récitais-tu le matin la prière traditionnelle : *Benditcho seas Dyo ke no me fizites mujer?* En tant qu'unique fils, tu bénéficias également d'une chambre individuelle, contiguë à celle de tes parents, les quatre filles devant se partager l'autre, et dormant même deux par deux par rang d'âge dans chacun des deux lits. A Luna et Rozika l'un, à Klara et Sultana l'autre. Que de fous rires imaginables!

Peu de souvenirs avec cet oncle, hormis à l'occasion des fêtes juives qui se déroulèrent chez lui à compter de ce jour, puisque mamou, désormais veuve, était trop âgée pour assumer le rituel particulièrement contraignant de Pesah, entre autres. Le grand nettoyage de la maison commençait deux semaines à l'avance, il fallait poursuivre la moindre petite miette de pain, s'assurer qu'aucun grain de levain ne subsistait dans un recoin – *o ke lo vide, o ke no lo vide / Siera amalgado kon el polvo della tyerra !* – faire cuire pendant des jours entiers des œufs durs dans le marc de café aromatisé pour qu'ils soient joliment marbrés, *uevos jaminados*, sortir la vaisselle spéciale du coffre où on l'avait renfermée depuis l'année précédente, acheter des chaussures neuves – généralement *A L'Aigle*, rue d'Auteuil, puisque grâce au comptoir *Mundia* on avait des réductions ! Vittali siégeait désormais au bout de la table et lisait la *Hagada*, l'histoire de l'exode des Juifs d'Égypte.

Mamou surveillait du coin de l'œil les préparatifs de la bru, la *Chkenazia* : tiens, comment papou a-t-il pris cela encore, lui qui se prétendait *sefarad tahor* ! Ne dit-on pas que les *Chkenazim* ne sont pas de la même race, qu'ils ne sont pas *de mi pueblo*, qu'ils sont grossiers, sales, des *Lejli*, des *Tudeskos*, ne les appelle-t-on pas de façon moqueuse les *Yidshy*, alors que nous avons conservé « pur » le castillan de Cervantès, ne sommes-nous pas supérieurs à eux ? La pauvre Lilith dut être bien mal reçue par cette armée de belles-sœurs goguenardes. Il est vrai qu'elle était de buena famiya, tout ce qu'il y a de *benadam*, elle avait fait ses études en Angleterre, et se montra très dévouée à ses beaux-parents. Il ne manquait pourtant ni la *haroset*, symbole de la terre que pétrissaient les Juifs pendant leur captivité en Égypte, ni les œufs durs, symbole de la vie, ni l'*apyo* dont l'amertume devait rappeler la misère de l'esclavage, ni l'os de mouton, mémoire des sacrifices de l'époque du Temple de Jérusalem et de la fin de la captivité. Marco, le plus jeune des cousins, disait la *Ma nichtana*, posant les questions : Que signifie le pain azyme ? Que signifient les herbes amères ?

Je ne me souviens pas qu'on se levât à la fin, comme je l'ai vu à l'occasion d'autres *seder*, pour danser et chanter *Had gadye, had gadye*... un agneau : peut-être parce qu'il y avait si peu d'hommes dans cette famille, et que seuls sont censés danser et chanter les hommes. C'est pourquoi on n'entendait pas le fameux *Kavritiko* :

Un kavritiko ke me merko mi padre
Por dos levanim, por dos levanim.
I vino el gato i se komyo el kavritiko
Ke me merko mi padre
Por dos levanim, por dos levanim...

« Mon père a acheté un chevreau
Pour deux sous, pour deux sous.
Le chat est arrivé et a mangé le chevreau
Que mon père avait acheté
Pour deux sous, pour deux sous [1]. »

Mais il y eut pire, papou, que la mésalliance que tu eus à essuyer avec l'épouse de ton fils, Lilith l'Ashkénaze. Tu parvins bien à faire respecter la tradition en mariant la première, Sultana, ta fille aînée, à un Menahem Barzilay, *de los muestros, de mi pueblo*, mais le caporal, qui reçut deux citations, mourut six ans plus tard, en juin 1940, pour la France à Fresne-Mazancourt, laissant un orphelin, Makhlouf, désormais pupille de la nation. Tu lui dénichas un refuge sûr contre la Gestapo – une petite institution privée de la rue Boileau, où il demeura pensionnaire et où par reconnaissance, ima et abba m'inscriront en primaire. Dans votre chambre à coucher si sombre, sur la commode, la photo de Makhlouf, six ans, auréolé de boucles. Je ne me souviens pas d'avoir joué avec lui, mais il prétend m'avoir enseigné les rudiments de la lecture : je me rappelle son premier mariage où j'écoutais ravie, sous la table, l'orchestre de ses nouveaux beaux-frères.

Sultana, reyna de ermozura,
Sultanika buen del padre,
I tambien de la su madre.
A su padre le parese,
Oro fino i un diamante,
A su madre le parese,
Perlas karas i joyeles.

« Sultana, reine de beauté,
La petite Sultana est bien la fille de son père
Et également de sa mère.
Elle ressemble à son père,
Or fin et diamant,
Elle ressemble à sa mère,
Perles coûteuses et bijoux… »

Luna, la troisième de tes filles, fut la première à te décevoir, papou, à saper ton éducation. Luna, pommettes hautes, tellement plus gaie, plus rayonnante, qu'ima sur cette photo qui représente tes deux dernières filles, assises sur l'accoudoir de ton fauteuil de cuir, vêtues, comme des jumelles, à la mode. Sa naissance fut pour toi l'occasion de vérifier le proverbe *tres ijas i una madre, mala vida por su padre !* Sur la plage de La Baule cet été 1939, Luna saute désespérément à la corde mais Piotr est solidement accroché ! On maria Luna vite, vite, le 28 octobre 1939. Nul besoin d'exposer le drap de noces pour justifier sa virginité aux yeux des voisins. *Tyene ijas, tyene ansyas.* Qu'est-ce qui te fit plus de peine papou, Luna ou la déclaration de guerre ?

Qu'il fut sombre, le printemps qui précéda l'été 1942 ! Le 27 avril, Darquier de Pellepoix a succédé à Xavier Vallat à la tête du Commissariat général aux questions juives, fondant le

Club national contre les métèques et l'association pour la Défense de la race. Bousquet, lui, est nommé secrétaire général de l'Intérieur pour la police. Le 29 mai, en dépit des réticences du gouvernement de Vichy et de Darlan, qui craignent que l'obligation du « marquage » des Juifs ne suscite la pitié de la population à leur égard, les Allemands imposent le port de l'étoile jaune aux Juifs de la zone occupée. Les Juifs dont les noms commencent par les lettres A et B doivent aller chercher l'insigne au commissariat de leur quartier ou de leur circonscription. Les Juifs dont les noms commencent par les lettres C à G inclus ont encore un jour de répit : la distribution se fera le mardi 3 juin. Trois étoiles sont distribuées en échange d'un point de la carte de textile. L'obligation du port de l'étoile, à l'endroit du cœur, est décrétée à partir du 7 juin [2].

Tu es majeure depuis deux mois, Rozika. Pour toi, comme pour Suzanne Kaych, il fait très beau ce jour-là, tu aimes l'été, tu aimes la vie, mais tu n'as pas eu comme elle à te révolter ni à te bricoler « avec des pierres de pacotille jaunes et noires la reproduction exacte de l'étoile imposée » pour narguer cette mesure [3]. En tant que ressortissante turque, tu n'as pas eu, Rozika, à arborer l'étoile de la honte. Bielinky ne note-t-il pas dans son *Journal* en date du 3 juin 1942 : « Les Juifs turcs étant d'un pays neutre ne sont pas tenus à porter l'insigne. Une famille juive s'est présentée hier au commissariat, le mari et la femme n'ont pas reçu l'insigne, mais on leur a donné les insignes pour leurs deux fillettes de six à neuf ans, toutes deux nées à Paris et traitées comme Françaises [4]. » Tu n'étais pas cette fois-ci désignée comme paria : après la rouelle, après le turban, après le chapeau, l'étoile est jaune elle aussi. L'*amariyo* est décidément votre couleur. Tu ne portes pas l'insigne de l'infamie. Tu n'aurais pas eu l'humour du marquis de Pombal, lequel, une fois que Joseph Ier du Portugal eut décidé que tous les Portugais dont les ascendants avaient un tant soit peu de sang juif devraient porter un chapeau jaune, se présenta à la cour avec trois chapeaux jaunes sous le bras, arguant qu'il ne connaissait pas un seul Portugais distingué qui n'ait pas une goutte de sang juif dans les veines : le premier chapeau lui était donc destiné, le second au Grand Inquisiteur et le dernier au cas où sa Majesté elle-même souhaiterait se couvrir [5] !

Tu es soulagée : tu aurais tellement souhaité appartenir à cette société française, en être aimée, être des leurs, plutôt que *de los muestros*! N'as-tu pas fait tes études en français à l'Institut Notre-Dame-de-Sion à Pangalti lorsque les écoles francophones et congrégationnistes avaient réouvert, avant de fréquenter le très bourgeois lycée Molière du XVIe arrondissement de Paris ? Pourtant Rozika, tu crois porter sur tes frêles épaules le fardeau de tes pères : est-ce pour cela que tu auras toujours les yeux si tristes ? Pas plus qu'en Espagne cinq siècles auparavant, tu ne pouvais sans crainte décliner le nom de tes parents, de tes grands-parents, jurer sur le crucifix que tu ne descendais pas de Juifs. Changer de nom ? Changer de religion ? Mais le 10 juin, des fidèles de l'église Saint-Honoré-d'Eylau, d'origine juive, demandent au curé de bénir l'insigne qu'ils doivent quand même porter : « Notre-Seigneur Jésus-Christ, s'il était parmi nous, aurait porté lui aussi cet insigne » … Deux communiantes, d'origine juive, accompagnées de leurs familles, arborent la *Magen David* [6] ! Cacher qu'on est juif ? La vue des religieuses t'attendrira toujours, tu adorais dire « ma sœur », tu ne pouvais passer devant une église, un couvent, entendre la sonnerie des cloches catholiques sans frissonner d'émotion. Mes propres larmes lorsque le soir de Noël tu me chantais, exaltée : « Il est né le divin enfant… » : moi aussi, ce soir-là, j'aurais tant voulu « en » être !

Ce 29 mai 1942, tu as échappé à tes origines. Mais que s'est-il passé dans ta vie de jeune fille, Rozika, ce même jour, pour que, à ta demande – à celle de ton père ? Voulait-il s'assurer de ta virginité ? A qui fallait-il prouver que tu ne souffrais d'aucune tare familiale ? –, un certificat prénuptial te soit délivré ?

CERTIFICAT PRÉNUPTIAL

« A. Akami
« 23 rue Nitot, XVIe
« PASsy 16-00
« PASsy 34-86. »
« Le 29 mai 1942.

« Je soussigné, professeur de clinique médicale à la faculté de médecine, médecin de l'hôpital Broussais, commandeur de la Légion d'honneur, certifie avoir examiné ce jour Mlle Rosie Gabay, âgée de vingt ans (*tu en as vingt et un depuis deux mois !)*, domiciliée à Paris, 4 rue Léon-Bonnat, XVIe; et n'avoir constaté chez elle aucun symptôme d'une maladie héréditaire ou d'une maladie quelconque transmissible ou contagieuse.

« Je lui ai délivré ce certificat à sa demande,

« Paris, le 29 mai 1942. »

Tes sœurs semblaient regretter pour toi que tu n'aies pas joué la carte de l'assimilation. Tu étais, paraît-il, très courtisée ; des noms me furent glissés : un grand physicien, un grand chirurgien, celui qui t'opérera du nez. Comment abba a-t-il pu tolérer ? *Kyen tyene mujer ermoza, ke la tenga byen guadrada !* Mais tu devais bien être un peu jalouse, toi aussi, puisqu'un soir de solitude tu me glissas la parole meurtrière : « Tu as peut-être des petits frères allemands ! »

Les 19 et 20 juillet, les francistes présentent une exposition sur les Juifs et les francs-maçons à Nice. La traque des Juifs de Paris commence : Baltes, Bulgares, Néerlandais, Yougoslaves, Roumains, Luxembourgeois, Belges, Dantzigois, Grecs, les rafles se succèdent à un rythme infernal. Le 22 juillet, suite à la rafle du Vél' d'hiv', le cardinal Suhard adresse à Pétain une lettre de protestation au nom de l'assemblée annuelle des cardinaux et évêques. Le 17 août, le grand rabbin Kaplan demande au cardinal Gerlier, primat des Gaules, d'intervenir. Le 19 août, le cardinal envoie un message au maréchal. Entre janvier et mars 1943, date de ton « rapatriement » en pays neutre, on comptera encore mille cinq cents arrestations de Juifs.

Klara, ta seconde fille, papou, née le dernier jour de *Hanuka* 1914 ou 1915, selon le calendrier, s'était apparemment rebellée contre ta loi, elle aussi. La lutte avait été longue et impitoyable, ima en gardait un souvenir épouvanté : tu avais chassé ta propre fille de chez toi, tu refusais de nourrir le jeune couple dans l'embarras – tu te mettais en contradiction avec la tradition de la *meza franka* : ses sœurs devaient lui passer en cachette par la fenêtre de la cour les restes du repas familial. En représailles, tu n'offris jamais à Klara la pharmacie de ses rêves en haut de l'avenue Mozart, papou. Elle finit pourtant par épouser son Jean, un étudiant *goy* très doué en peinture, à la mairie du XVIe le 30 août 1942, soit quinze jours après l'opération « Vent printanier », grande rafle du Vélodrome d'hiver qui visait vingt-huit mille Juifs. Il y eut treize mille arrestations, on dénombra une centaine de suicides. Le jour du mariage, Sultana, sa sœur aînée, déjà revêtue de sa toilette, l'appela :

– Je ne pourrai pas être à la cérémonie, la police est au magasin, on m'arrête…

Après ton mariage, Klara, tu retrouvas Sultana au commissariat de l'Opéra, mais on l'embarqua pour la Petite Roquette, puis Drancy…

1. « Piyyut del kavritiko », « Cantos judeo-españoles de Marruecos, recogidos en la Comunidad Israelita de Madrid, en homenaje a Maimonides 850 aniversario », *Todas las voces de Sefarad*, Saga, 1988.

2. S. Klarsfeld, *L'Étoile des Juifs. Témoignages et documents*, L'Archipel, Paris, s.d.

3. *Ibid.*

4. *Ibid.*

5. A. Pulido, *op. cit.*

6. Bielinky, cité par S. Klarsfeld, *op. cit.*

IV

DRANCY

Si un homme n'est pas fait de mémoire, il n'est fait de rien... On ne doit rien oublier.

PHILIP ROTH,
Patrimoine. Une histoire vraie

1

LE RETOUR

SORTIES (LIBÉRATIONS)

« Barzilay Sultana, née Gabay, en 1912 à Constantinople, nationalité turque, 167 bd du Montparnasse. Sortie de Drancy le 2 mars 1943. »

Cinq autres internés furent libérés ce jour-là.

Quand as-tu été internée à Drancy ? Fin 1940, ou 1941, crois-tu te souvenir. Pourtant jusqu'au 16 juillet 1942, hormis quelques-unes, prétendument « délinquantes », les femmes n'étaient pas passibles d'arrestation[1] ! Il m'aura fallu enquêter auprès des Archives de France pour suppléer à ta mémoire vaine. Mais sans doute n'avais-tu aucune envie de te souvenir de cet épisode qui, pour beaucoup, sonna le glas de leur existence.

Tu avais échappé à la grande rafle du Vélodrome d'hiver, ordonnée par Laval, à la suite de laquelle les treize mille détenus furent acheminés vers les camps de Pithiviers, Beaune-la-Rolande, Drancy. Ton sursis fut de courte durée. Tu avais été arrêtée sur ordre des autorités allemandes, le dimanche 30 août 1942, le jour même où Mgr Théas, évêque de Montauban, faisait lire en chaire une lettre pastorale protestant contre la « violation des droits les plus sacrés de la personne humaine[2] ». Le

23 août déjà, Mgr Saliège, évêque de Toulouse, avait lui aussi rappelé, en dépit d'une interdiction préfectorale, dans sa lettre pastorale : « Les Juifs sont des hommes, les Juives sont des femmes […] Ils font partie du genre humain; ils sont nos frères comme tant d'autres. Un chrétien ne peut l'oublier[3]. » Le 26 août pourtant, près de quatre mille personnes furent arrêtées.

Tu fus libérée une première fois le 29 septembre 1942. Le fichier individuel de la préfecture de police t'attribua la profession « chemisier » et pour numéro de casier central le 24 483. Ton numéro de dossier juif était le 20 274. Pour le fichier familial de la préfecture de police, en revanche, tu n'avais plus de profession, mais tu étais « veuve de guerre 39-40 » et, dans la rubrique « Infirmités », tu avais un enfant à charge : Makhlouf, né le 19 mars 1936, de nationalité française.

Août et septembre 1942, il n'y a pas moins de trois départs hebdomadaires de mille internés les lundi, mercredi et vendredi : le service des effectifs établit les listes des partants sur instruction des inspecteurs français qui reçoivent eux-mêmes leurs ordres de la police allemande[4].

Tu aimais fumer, il te fallut payer ta bouffée de cigarette 30 francs. Tu étais gaie, insouciante, et tu n'as sans doute pas eu le temps au cours de ce mois d'internement de prêter foi au but du voyage : de la propagande allemande sans plus ! Tu n'auras pas su la mort de Benjamin Crémieux en déportation, au motif qu'il « n'était pas de la race des seigneurs »! Mais tu as quand même eu le temps de voir les morts quotidiens – par suicide ou par décès – enveloppés dans du papier d'emballage dont la tête seule dépasse, chargés par une petite voiture à bras que deux Juifs, flanqués de deux inspecteurs, convoient du camp au commissariat de police de Drancy vers le cabanon qui fait office de morgue[5].

Pourquoi, comment, as-tu été libérée ? Sans doute ta nationalité turque t'a-t-elle protégée, mais ton mari, le caporal Barzilay, étant mort à Fresne-Mazancourt le 5 juin 1940, tu étais aussi devenue « chef de famille ». Qu'était d'ailleurs allé chercher ce tsio dans cette guerre ? Il s'était engagé volontaire pour qu'on ne le traitât pas de « sale juif » planqué, prétends-tu. Tsio Menahem rejoignait ainsi les soixante mille Juifs faisant partie de l'armée française. Comme pour la Première Guerre, les Juifs étrangers s'étaient massivement portés volontaires, seize mille d'entre eux réussissant à s'enrôler pour la durée du conflit, nonobstant les obstacles dressés par l'administration : nombre d'entre eux espéraient ainsi obtenir la nationalité française[6]. Après avoir passé six mois au camp d'entraînement de Barcarès, Menahem téléphona à Sultana :

– Nous partons pour la Somme… non je ne peux pas venir te voir…

La bataille de mai 1940 entre la Somme et l'Alsace faisait rage. Appartenait-il au 22e régiment composé pour moitié de Juifs étrangers, et cité à l'ordre de la nation ? Était-il de ces trente-six Juifs du 21e régiment qui furent décorés entre le 24 mai et le 14 juin ? A Mazancourt, l'espace d'un après-midi, soixante soldats du 22e régiment furent tués, dont quatorze Juifs… C'était peut-être le 5 juin. Tu n'eus plus d'autres nouvelles, Sultana. Tu cherchas ton mari pendant six mois, tu mis une annonce dans le journal local de la Somme : le maire te répondit qu'on avait enterré Menahem dans un champ de blé. Vittali, ton frère aîné, partit en compagnie de Klara reconnaître le corps de son beau-frère.

Te voilà réinternée à Drancy, Sultana, le 21 novembre 1942 ! Sans doute avais-tu recommencé à hanter le bar de *La Coupole* après l'heure du couvre-feu… Quatre mois d'internement à nouveau, c'est bien long. Novembre, décembre, janvier, février : ton petit garçon devait porter l'étoile jaune, ayant eu six ans révolus en mars 1942. Tes sœurs en revanche, étant soit sujets turcs, soit mariées à des Français, en étaient dispensées.

En représailles contre un attentat perpétré sur une maison de tolérance fréquentée par les officiers de la Wehrmacht à Marseille, Hitler ordonna le 24 janvier 1943 d'envoyer cinquante mille Marseillais en camp de concentration et de raser les immeubles du Vieux-Port. On comptera vingt mille arrestations ; les victimes seront transférées de Gurs à Drancy avant de partir vers l'Est. Laval propose de dépouiller de leur nationalité tous les Juifs naturalisés depuis le 10 août 1927. Le 30 janvier, c'est la création de la milice : la persécution antisémite, la lutte contre les francs-maçons, la chasse aux communistes s'intensifient. Le 16 février, six cent mille jeunes Français sont touchés par la loi et le décret d'application du Service du travail obligatoire. Mars 1943, la période des déportations en série connaît une accalmie : le 2 septembre 1943, le convoi 59 une fois parti pour Auschwitz, il ne restera plus que six cent quarante-six internés [7].

Tu n'y étais plus : comme tu étais sortie le 2 mars 1943, papou n'eut que neuf jours devant lui pour t'embarquer dans le dernier convoi en partance pour la Turquie avec Rozika et Makhlouf, qu'il avait réussi à faire porter sur ton passeport. Vous faisiez ainsi partie des trois mille Juifs qui, grâce à l'intervention de leurs ambassades, purent être rapatriés vers des pays neutres ou alliés aux Allemands (Italie, Hongrie, Suisse, Turquie [8]). Tsio Albert Avigdor, le frère de mamou, sa femme Genny et leur fille Gisèle vous chaperonnaient ; papou et mamou, quant à eux, comptaient vous rejoindre plus tard. Tes sœurs, mariées, restèrent l'une en Normandie, l'autre à Paris, ravitaillant Vittali planqué villa Flore par sa maîtresse corse ! Tu prétends que le train était blindé, et que vous aviez emporté de la nourriture pour huit jours…

La cousine Beky de Jérusalem se souvient : « Un jour, oncle Merkado a dit qu'il devait partir à Paris, à cause des enfants, pour leur donner une meilleure éducation... Ils sont revenus parce qu'il y avait la Grande Guerre, et nous avons passé de très bonnes journées ensemble. »

11 mars 1943 : le consulat général de Turquie t'a délivré, Rozika, un passeport pour « retourner » en Turquie non belligérante. Vous étiez arrivés en France en 1931. Vous aviez eu la sagesse de demeurer « sujets turcs ». Tu as eu beaucoup de chance : le 30 janvier 1941 en effet, une loi turque interdit l'octroi de visas de résidents ou de touristes aux Juifs poursuivis dans leur pays d'origine. Dès le début des années 30, la Turquie avait mis en place une politique d'admission sélective des réfugiés juifs : ainsi, en 1933, à l'occasion de la réforme de l'université d'Istanbul, le gouvernement accueillit quarante universitaires juifs allemands parmi ceux qui perdirent leur poste en Allemagne, mais il n'était pas question pour autant d'étendre cette mesure à tous ceux qui étaient victimes des persécutions des nazis[9]. Tu as eu, Rozika, beaucoup de chance d'avoir fait renouveler à temps ton passeport, beaucoup de chance de n'avoir quitté la Turquie, avec ta famille, qu'en 1931, car ceux qui n'y étaient pas retournés entre 1924 et 1927 ne purent pas bénéficier du « retour », témoin ces cousins Salti installés à Sète depuis longtemps, et qui devinrent apatrides.

CONSULAT GÉNÉRAL DE TURQUIE
PASAPORT
VALABLE 1 an

Délivré par le Consulat général de Turquie à la citoyenne turque Roza Gabay pour se rendre en Turquie et tous les pays.

Ismi (nom) : ROZA GABAY
Babasinin Adi (nom du père) : Merkado
Dogdugu yer (lieu de naissance) : Istanbul
Dogdugu sene (date de naissance) : 1337/1921
Pasaportu aldigi yerdeki ikametgahi (domicile) : Paris
Gidecegi yer (destination) : Turkiye
Seyahat sebebi (but du voyage) : *avdet* (« retour »).

Paris, le 11 mars 1943.
(autorisation d'exporter : 5 000 francs, le 16 mars 1943).

Tu n'as pas eu le temps, Rozika, de voir les grands magasins, les commerces de luxe, les fleuristes, obtempérer à leurs chambres syndicales respectives et retirer leurs articles trop voyants ou trop coûteux de leurs vitrines. Tu n'as pas eu vent de la distribution de tracts antisémites qu'organisèrent les Jeunesses populaires françaises dans le XVe arrondissement de Paris le 2 avril, pas davantage des échauffourées des 17 et 20 mars dans un café à l'angle des rues Sedaine et Popincourt. Tu n'as pas assisté en juin à la fermeture des boulangeries, faute de pain. Tu n'as pas connu la disette de viande de septembre et octobre, pas eu non plus à échanger de vieux chiffons ou habits contre des points textile. Mais tu as bien dû être témoin des rafles de Marseille en janvier, de celles des enfants des maisons de l'UGIF (Union générale des israélites de France en février), de celles des 11 et 20 février où mille six cents Juifs de tous âges furent internés à Drancy [10].

Tu as dû arriver dans ta ville natale, Rozika, en compagnie

de Sultana et de Makhlouf, vers le mois de mai. De la Turquie de ton enfance tu ne te souvenais guère, et sans doute laissais-tu comme Rita Frances un amoureux en France.

Prima Rita Frances s'était embarquée elle aussi pour la Turquie, deux mois avant toi. La guerre éclata alors que Rita était en vacances : son père, Victor, enjoignit à sa famille de rester à Beaulieu-Villefranche, puis ils se replièrent à Nice, pendant un an. C'est la drôle de guerre. Ils rentrent à Paris. Arrive le recensement : Victor se rend spontanément auprès du commissaire de Montrouge, M. Dumarchais, pour remplir les formalités, mais celui-ci, le connaissant depuis longtemps, refuse. Devant l'insistance de Victor, il finit, agacé, par lui tendre les formulaires. Victor, protégé par son ambassade, les remplit consciencieusement et les lui remet : le commissaire les déchire. « Un juste », commente aujourd'hui Buby, le fils de Victor, alors âgé de treize ans.

Il y en eut un autre : celui qui renvoya trois fois de suite Hélène Cuenca, la femme de Jacky, qui, elle aussi, désirait se faire recenser, car il ne voulait pas croire qu'avec un si joli minois et pas une pointe d'accent, Hélène, née à Varsovie, fût juive ! Le père d'Hélène, Chaïm Israël Kaufman, arriva alors qu'elle ne l'attendait pas. Sa fille, après l'avoir dévisagé – blond, yeux bleus, nez droit, un très léger accent seulement –, retourna voir son commissaire.

– Quelle est votre nationalité ? lui demanda-t-elle.

– Française !

– Et la mienne ?

– Française également.

Elle le pria alors d'inscrire également sur la carte d'identité de son père la mention « française » : Chaïm devint Charles, Kaufman toujours, tailleur. Quelques mois plus tard arrivèrent encore sa mère, Dora Finkelstein Kaufman et sa petite sœur de neuf ans : après une autre démarche auprès du commissaire, tout le monde finit par avoir des cartes d'identité françaises !

Le 7 novembre 1940, les Frances s'apprêtaient à quitter leur appartement de Montrouge pour se replier tout de même à Sète, où était installée une famille alliée, les Bensasson. Les Allemands, prévenus – qui vous avait dénoncés ? –, sont dans l'escalier. Le père, Victor, explique leur départ par les difficultés matérielles auxquelles le confronte la tuberculose de sa femme et la charge de ses deux enfants : Djemille a en effet dû passer deux années dans un sanatorium en Suisse, les enfants fréquentant, eux, un internat à Beauvais. Les Allemands insistent : la religion n'est-elle vraiment pour rien dans ce départ précipité ? Victor leur tient tête : il est libre penseur et en possession, qui plus est, d'un *Ausweis* en bonne et due forme. Excédé, il sort alors de sa poche une carte de visite de Goebbels, ministre de la propagande, qui avait commandé à l'entreprise de reliure Louis Martin pour laquelle il travaillait à Montrouge, laquelle avait été réquisitionnée, l'impression d'un ouvrage intitulé *L'Effondrement de l'Ouest*, que Victor avait tout fait pour saboter ! Les Allemands n'ont plus qu'à s'incliner.

En novembre 1942, Victor Frances, dont les deux demandes de naturalisation ainsi que celle d'engagement volontaire avaient été refusées, au motif de la coxalgie dont il souffrait, entama des démarches pour rejoindre son pays natal avec sa famille. L'expédition dura un mois et demi dans un train bourré d'Allemands. Ils avaient pu partir avec tous leurs bagages, les pièces d'or cousues dans les ourlets et les cols des manteaux, ou cachées dans les talons des chaussures par un habile cordonnier du boulevard Richard-Lenoir… A l'étape de Milan, un cousin, un certain Michele Cuenca, qui n'eut pas l'heur de plaire à la jolie Rita, la demanda en mariage… Trieste : tiens, peut-être aurait-elle pu y rencontrer Klara et Joseph Avigdor, les grands-parents de Rozika, s'ils y étaient encore ! Zagreb : les partisans de la guerre qui se déroulait en Croatie tirent sur le train ; terrorisés, ils se couchent par terre. Sofia : tsia Vicky et tsio Meier, ses cousins, nous l'avons vu, les accueillent. Sofia était occupée par les Allemands. Rita se souvient d'une ville à la chaussée défoncée, pire qu'Istanbul, de la pluie, de la boue, du froid – elle porte une fourrure sur la photo de l'étape –, et surtout de la « pyramide » qu'elle commanda goulûment dans un salon de thé.

1. J. Danville, S. Wichene, *Drancy la Juive ou la Seconde Inquisition*, préface de Tristan Bernard, A. Breger Frères, Paris, 1945.
2. R. Poznanski, *Être juif en France pendant la Seconde Guerre mondiale*, Hachette, Paris, 1994.
3. *Ibid.*
4. J. Danville, S. Wichene, *op. cit.*
5. *Ibid.*, p. 56.
6. E. Benbassa, *Histoire des Juifs de France*, Seuil, Paris, 1997.
7. M. Rajfus, *Drancy, un camp de concentration très ordinaire (1941-1944)*, Manya, Paris, 1991.
8. R. Poznanski, *op. cit.*
9. E. Benbassa, *Juifs des Balkans*, *op. cit.*
10. R. Poznanski, *op. cit.*

2

DES FTP AUX CAMPS DE HAUTE-SILÉSIE : ROBERT

Bohor Frances et son épouse Sarina, née Cuenca – l'une des sœurs de nono Salomon –, quittant à leur tour la Turquie, étaient arrivés en France en 1928, rejoignant une partie de la famille qui s'y était installée. Lorsque la Seconde Guerre mondiale éclata, Robert, leur petit-fils, sa sœur Vivette, et leur mère, Allegra, tous trois nés à Brousse, première capitale de l'Empire ottoman, après s'être concertés, étaient convenus de ne pas se faire rapatrier en Turquie. Lorsque la patrie d'adoption est en danger, ne doit-on pas lui prêter main-forte ? Robert, agrégatif de philosophie, milite bientôt au sein des Francs-Tireurs et Partisans, organe de la Résistance auquel le Parti communiste français a donné naissance en août 1941. Il vit alors dans le quartier d'Auteuil, habitant un appartement qui, prêté à Henry Raymond, était devenu un local où l'on fabriquait des tracts, des affiches du Front national étudiant. Allegra pour sa part n'était pas affiliée à un mouvement de résistance, même si elle apportait son soutien aux organisations étudiantes puis aux FTP. Réfugiée à Montargis chez les parents d'Henry Raymond, elle rendait visite une fois par mois à ses enfants demeurés à Paris.

Un petit matin de juin 1943, trois Gestapistes perquisitionnent l'appartement. Par bravade, Robert esquisse quelques notes du prélude de *Tristan* au piano : les Allemands, croyant à un signal de ralliement, se jettent sur lui. Sous la pile de draps fraîchement rangés dans l'armoire, une carte d'identité portant obligatoirement depuis septembre 1940 l'affreux tampon rouge « J», les accuse un peu plus. Robert et sa mère sont incarcérés chacun de leur côté à Fresnes, sous une double charge : résistants et Juifs. Le 6 août, alors qu'il s'attend à être fusillé d'un moment à l'autre, Robert est transféré rue des Saussaies. Il sera torturé par les services de sécurité de l'occupant qui lui arracheront ces faux aveux : « J'étais au Front national étudiant. J'ai distribué quelques tracts. Je ne sais pas qui me les avait transmis. Je ne connais pas le nom des gens [1]. » La menace est la même : tu seras fusillé ! On le reconduit à Fresnes, mais désormais il sera au secret, dans une cellule marquée de la lettre « G » *(Gefährlich*, « dangereux »). Il va trouver secours dans un livret de prières, destiné aux prisonniers, qui constituera l'essentiel de ses « exercices spirituels ». Robert, au cours de son interrogatoire, s'écriera : « Jésus, les bras, les bras… » à la grande stupéfaction de ses tortionnaires : « Jésus ! Tu es un Juif toi [2] ! »

Robert ignore que sa mère est actuellement détenue au secret à Fresnes, elle aussi ; il redoute qu'elle ne l'ait maudit de l'avoir entraînée dans cette géhenne. En l'absence de la figure maternelle, l'image protectrice de Marie lui apparaît comme un recours : il se convertira. *En este mundo sufrymos por ser djizyos, en el otro sufriremos por no aver sido djizyos* [3] *?* Robert retrouvera sa mère en septembre 1943, au hasard d'un couloir dans le camp de Drancy ; depuis novembre 1942, les détenus ont en effet obtenu la libre circulation à l'intérieur du camp.

C'est le 20 août 1941 que la future cité de la Muette, cet ensemble de HLM en fer à cheval, encore en cours de construction, ouvrit ses portes au camp de transit qui verra défiler jusqu'au 17 août 1944 quelque sept cent mille Juifs de toutes nationalités. S'y trouvaient alors les Juifs étrangers qui allaient naïvement faire renouveler leur carte d'identité périmée, les malades juifs sortis des hôpitaux, tous ceux qui avaient été condamnés par un tribunal français, si mineure que fût l'infraction, ceux qui avaient été appréhendés sur la voie publique, enfin ceux qui avaient été arrêtés pour voie de résistance. Le seul point commun de tous ces détenus français, étrangers, anciens résistants ou non, est d'être juifs. A partir d'août 1943, de plus en plus de Juifs français, jusqu'à présent « privilégiés » – et développant une xénophobie exacerbée à l'égard des Juifs étrangers, qu'ils rendaient responsables de leur sort – vont s'y retrouver[4]. Comparé à Fresnes, Drancy apparaît à Robert comme un havre.

Drancy, septembre 1943 : un havre, vraiment ? Certes, du 1er avril 1942 à la fin 1942, mille cent quatre-vingt-onze Juifs furent libérés et quatre cent six autres avant le 1er juillet 1943. Certes, les déportations connurent un répit après le redoutable mois de mars, où cinq mille Juifs de la zone Sud furent déportés vers Drancy : avril, mai et août 1943 avaient effectivement été des mois plutôt « creux », sans déportation, où l'on entendit même des concerts de musique au camp, où les enfants eurent droit à une représentation de cirque, où l'on organisa un réseau clandestin de correspondance. Certes, les déportés n'étaient plus tondus ni fouillés, ils conservaient leurs bagages et se voyaient remettre une couverture, du linge, des chaussures fournis par l'UGIF, autant de fournitures récupérées à leur arrivée à Auschwitz ! De même on leur délivrait un reçu en échange de leur argent, dont, les assurait-on, ils seraient remboursés en zlotys à leur arrivée. Mais, lors de cette sinistre année, on vit toutefois successivement arriver, en février, avril et juillet, les malades hospitalisés à Rothschild, en mars les employés étrangers de l'UGIF, puis en juillet ses dirigeants, et en septembre, les aliénés juifs hospitalisés [5].

Drancy, septembre 1943, un havre… Robert ! Le 9 juin, Aloïs Brunner, Röthke, et son adjoint Ahnert y sont pourtant arrivés : c'est le dix-neuvième camp que dirige Brunner, celui-là même qui sévit à Salonique en février 1943, et dont ton cousin Isaac Cuenca fut victime [6]. Le 2 juillet 1943, les Allemands ont pris officiellement la direction du camp et, en septembre, les troupes allemandes vont se déployer sur la Côte d'Azur, pourchassant les Juifs qui ont suivi le repli de la IVe armée allemande : « Jamais une occasion aussi favorable ne s'est présentée pour procéder à une épuration complète », écrit au Commissariat général aux questions juives le directeur de la section d'enquête et de contrôle [7] pour la zone Sud [8]. Les rumeurs de déportation se sont amplifiées, les colis, le courrier même – à l'exception de la lettre d'arrivée des internés et de la lettre à laquelle ils ont droit juste avant d'être déportés, toutes deux étant d'ailleurs destinées à repérer l'adresse de leurs familles – ont été supprimés.

Tout comme les autres, tu es obligé, Robert, de t'immobiliser quand tu croises un Allemand, de te fondre comme une ombre dans le mur lorsqu'il monte l'escalier. Connais-tu l'allemand ? Toutes les inscriptions du camp sont désormais rédigées dans cette langue ! As-tu reçu la gifle de Brückler, le second de Brunner, pour port de lunettes noires [9] ? Aloïs Brunner multiplie les catégories déportables, les Juifs français ne sont désormais plus protégés par leur citoyenneté. N'as-tu pas eu vent, Robert, de cette destination nouvelle de l'île d'Aurigny, l'île du diable, où furent expédiés en juillet 1943, deux mois avant ton arrivée, sept cents internés ? Le 3 juillet 1943, André Baur a écrit à Albert Manuel à propos du nouveau régime de Drancy. Le président du consistoire central et le grand rabbin ont officiellement averti

Laval et Pétain le 12 juillet. Le Parti communiste français a diffusé un tract « La vérité sur le camp de Drancy », dont l'enfer est décrit sur les ondes de la BBC [10].

Peut-être espérais-tu t'évader, Robert, comme le firent dix des déportés sur les onze du convoi parti le 9 février 1943, ou comme ces huit autres le 13 du même mois. Savais-tu que dix-neuf des évadés du convoi du 20 novembre avaient commencé à creuser à la mi-septembre – tu étais déjà interné – un tunnel à Drancy, sous le bureau même du commandant juif, Robert-Félix Blum, qui feignit de ne rien voir, de ne rien entendre ? Arrivé de Compiègne à Drancy en mai 1943, Robert-Félix Blum, industriel et ancien militaire, coopéra de façon zélée avec les autorités nazies et fut promu commandant intérieur du camp. Il sera démis de ses fonctions le 11 novembre, le jour même de la découverte du tunnel au creusement duquel avaient participé soixante-dix hommes organisés en 3 x 8, et lui-même sera déporté par le dernier wagon du 17 août 1944 [11].

Drancy, septembre 1943, un havre... Tu ne pouvais pas connaître les dernières consignes que donna Robert-Félix Blum dans une note de service « strictement confidentielle », intitulée « En cas de transport à l'Est », à l'encadrement pour la déportation prévue du 7 octobre, celle précisément dont tu fis partie : « Le camion demandé pour transporter les vivres en gare y transportera de même les matelas, les seaux, les escaliers et les bandes de feuillard. Le faire revenir le matin du départ pour ramener le matériel du camp. » Blum avait minutieusement tout prévu : « Pour les escaliers de départ, le réveil et le café sont fixés à 4 h 30 demain matin 7 octobre 1943 (*soit avec une avance de deux heures et demie plus tôt sur l'horaire de la journée par lui prévu, dès le 16 septembre 1943*). Les escaliers 1 et 2 commenceront à descendre à 5 h 15 [12]. » Pour ce convoi, Brunner télexa à Eichmann le 30 septembre en lui demandant le feu vert pour le départ d'un convoi le 7 octobre (XLIX-49). Le 1er octobre, Eichmann répondit favorablement (XLIX-51), en précisant qu'un commando pour escorter le convoi viendrait de Stuttgart. Le télex habituel (XLIX-52) est signé par Röthke. Il précise que, le 7 octobre à 10 h 30, un convoi de mille Juifs a quitté Paris-Bobigny avec, pour chef d'escorte, le *Meister der Schupo* Schlamm. Deux membres de la même famille à Drancy déjà : comment ta sœur Vivette a-t-elle échappé au « regroupement familial » pourtant planifié par Brunner ? Mille compagnons d'infortune – très exactement cinq cent soixante-quatre hommes, quatre cent trente-six femmes et cent huit enfants de moins de dix-huit ans – quittèrent ainsi Drancy en même temps que toi et ta mère, dans ce convoi n° 60. Vos *Abtransport* indiquent clairement votre rang dans cette file inique :

266. FRANCES, Allegra : 15-12-91. *Schneiderin*. 4632.
267. FRANCES, Robert : 4-12-19. *Student*. 4633 [13].

Porte également votre patronyme, une « Olga : 15-12-18 », en provenance de Rhodes.

Sans doute, Robert, n'as-tu pas d'idée précise de ce qui t'attend. Les détenus d'Europe de l'Est évoquent pourtant comme destination le nom de *Pitchipoï* – nom mythique inventé par les internés sans doute pour rassurer les enfants en partance, eux aussi… *Pitchipoï*, ce mot dont personne n'identifiait l'origine, ne t'évoquait pas « d'image précise, résonnait comme la malédiction éternelle, le lieu du pogrom ou du ghetto [14] ».

Le 13 octobre, Höss, commandant d'Auschwitz, télexe à Röthke que le 10 octobre à 5 h 30 le convoi est bien arrivé (XLIX-53). Le voyage en wagon de marchandises, sans paille, sale, le pain pour trois jours jeté à même le sol à côté des seaux hygiéniques, avait duré trois jours et trois nuits. Sur le quai d'Auschwitz, une vision d' « extra-terrestres » vêtus de pyjamas rayés gris et bleu, portant un bonnet de la même étoffe à la visière polygonale suggérant « l'entrée dans un monde hors du commun où ce que l'on n'a jamais vu peut se produire [15]… », t'avait assaillie. A l'arrivée, trois cent quarante hommes (matricules 156940 à 157279) furent sélectionnés et affectés à la construction de l'usine de caoutchouc synthétique la Buna, au camp de travail de Monowitz, dépendant d'Auschwitz. Tu fus de ceux-là et tu ne souhaitas jamais, Robert, effacer ton matricule.

Robert et sa mère furent séparés, ils ne savaient pas encore que c'était pour toujours. Frances, Allegra : 15-12-91. « Schneiderin. 4632. » *Schneiderin* : couturière, vraiment ? Allegra, fille de Jacob Russo et d'Esther Soncino, fut pourtant la seule des trois filles de cette famille de huit enfants, à entreprendre des études à l'école de l'Alliance israélite universelle de Paris, dont elle sortit titulaire du brevet supérieur. Diplômée, elle devait dix ans d'enseignement à l'Alliance : elle enseigna à Brousse, où elle devint directrice d'école. Au début du siècle, la plupart des trois mille cinq cents Juifs de la communauté étaient soit marchands d'étoffes, soit changeurs, prêteurs, détenteurs d'un important capital, et occupaient dès la fin du XIXe siècle un grand secteur du bazar. Isaak Frances, le futur mari d'Allegra était négociant en soie : sans doute bénéficia-t-il de l'intervention de la communauté juive en 1899 qui avait entrepris des démarches auprès de l'inspecteur de la Dette publique pour obtenir le droit de filer et de tisser la soie à domicile dont jusqu'alors le monopole était détenu par les Grecs et les Arméniens [16].

C'est un mardi à 2 heures de l'après-midi qu'Allegra, un peu fatiguée du voyage dont elle détaille la liste des frais depuis Rhodes, qui s'élevait à 7 600 livres turques, soit 162 francs, arriva à Brousse, où elle devait prendre en charge sa classe dès le lendemain matin. Elle observe son petit monde dans la cour de récréation, désireuse de produire sur eux une bonne impression. Comment parvenir à intéresser ces enfants « qui n'entendent généralement parler le français qu'à l'école » ? Elle-même, à peine sortie de son pensionnat parisien sans avoir bénéficié d'un stage, craint que son français ne soit trop scolaire, trop élaboré [17]. Le 1er novembre 1911, Allegra écrit sa première lettre au président : elle vient de prendre ses fonctions, elle est pleine de zèle et espère agir « sur l'âme et l'esprit des enfants qui lui sont confiés[18] ». Le 19 avril 1914, au bout de trois ans de carrière, elle déplore avec regret les faibles dispositions des fillettes pour les mathématiques. Leur esprit rêveur, leur moindre énergie que celle des garçons ne sont pas seuls en cause : « Leurs parents n'ayant pas encore pris l'habitude de voir travailler leurs filles dans leurs bureaux ou administrations [...] trouvent inutile que ces futures ménagères perdent leur temps à calculer des nombres de litres de vin ou des poids de lingots... »

Allegra partit dans la colonne des futurs gazés, Robert dans celle du camp de travail de Monowitz. S'efforçant de reconstituer, cinquante ans plus tard, les pensées de ces femmes affolées dans la longue queue blafarde qui piétinait sur l'affreuse rampe de Birkenau, Robert imagine celles de sa mère : « Je leur dirai que j'ai été professeur de français en Orient. Cette expérience, même ici, pourra me servir, qui sait[19] ? » Robert sait aujourd'hui qu'Allegra fut gazée le jour même de son arrivée.

Ay madre mia kerida, c'est désormais dans la langue archaïque de ton enfance, celle que choisirent tes ancêtres lorsque, fuyant la Provence et le royaume de Philippe le Bel, ils s'exilèrent pour l'Espagne, en attendant de devoir en repartir ou se convertir, que tu évoqueras désormais toujours Allegra, celle qui incarnait la joie, et dont les berceuses remontent encore à tes lèvres.

En captivité, tu parvins clandestinement à lire Marx, Lefebvre ; à ton retour, tu intégreras sans trop de réticences le parti communiste. C'était là un devoir pour un ancien FTP, la Résistance et la révolution marchant de conserve dans ces années-là.

Le 18 janvier 1945, on évacue ce camp de Haute-Silésie, tout d'abord à pied, vers le camp de Gleiwitz. Une fois qu'ils sont à Nikolaï, c'est un voyage de neuf jours, en wagons de marchandises découverts, qui attend les deux cents prisonniers : ils mangent de la neige, ils s'asseyent sur leurs compagnons, ils s'entre-tuent pour quelques miches de pain que leur lancent des ouvriers tchécoslovaques. Tuer pour survivre. *Die Toten heraus!* – « Les morts dehors ! » – intiment les nazis. On en dénombrera quarante-trois. Les Russes progressent : ils sont à Gleiwitz, à Breslau. Robert se prend à espérer la Libération, à penser à ses fiches de lecture en vue de la préparation de l'agrégation de philosophie : pourvu que l'étudiante à laquelle il les a confiées n'ait pas été arrêtée elle aussi ! Le train progresse de Prague à Dresde : le camp d'Orianenburg, complet, ne peut les accueillir. Ce sera Flossenburg, puis la Bavière en mars, où les prisonniers sont chargés de la remise en état des aérodromes bombardés par les Américains, ainsi que de la construction d'un camp près de Gannecker en Basse-Bavière. Abandonnés par leur geôlier, Robert et quelques compagnons de détresse trouvent refuge dans une ferme près de Landshut : en 1990, Robert cherchera à revoir la fermière compatissante. Landshut était déjà occupée par les Américains ; le rire des GI's à la vue de ce vieillard squelettique de vingt-quatre ans transperce aujourd'hui encore le cœur de Robert.

Juin 1945, un avion militaire rapatrie au Bourget les trente et un survivants sur les mille cent soixante-huit partis par le convoi 60. Puis c'est le hall du *Lutetia* transformé en centre d'accueil. Pour Robert l'attente vaine d'Allegra qui n'était pas des deux femmes rescapées, les retrouvailles avec sa sœur Vivette, le récit indéfiniment repoussé des atrocités subies, le refus des commémorations, l'engagement dans le présent.

1. P. F. Rousseau, *Intact aux yeux du monde*, Hachette, Paris, 1987 ; réédition sous le nom de Robert Frances et sous le titre *Un déporté brise son silence*, L'Harmattan, Paris, 1998.

2. *Ibid.*, p. 140.

3. E. Saporta y Beja, *En torno de la Torre Blanka*, Madrid, Vidas Largas, 1979, trad. fr., Paris, 1982.

4. M. Rajsfus, *op. cit.*

5. R. Poznanski, *op. cit.*

6. J. Danville, S. Wichene, *op. cit.*

7. *Ibid.*

8. CDJC, n° XXXVIII-1, cité par M. Rajsfus, *op. cit.*
9. R. Poznanski, *op. cit.*
10. *Ibid.*
11. *Ibid.*
12. CDJC, n° DLXII (129) et (130) cités par M. Rajsfus, *op. cit.*
13. Archives du CDJC.
14. P.-F. Rousseau, *op. cit.*
15. CDJC, n° DLXII (131). Cité par Maurice Rajsfus, *op. cit.*
16. Paul Dumont, « La condition juive en Turquie à la fin du XIXe siècle », *Les Nouveaux Cahiers*, n° 57.
17. A.I.U, Lettre n° 441/2 du 14 janvier 1912.
18. A.I.U., Lettre n° 466/2, Brousse.
19. R. Frances, « Non, tu ne seras plus là », *Los Muestros*, n° 13, décembre 1993.

3

BAYONNE ET SES JUIFS : MARIE ET FORTUNÉE

Marie, Fortunée et Rose, trois des sept enfants d'Élise Cuenca et de Moïse Salti avaient elles aussi quitté la Turquie pour la France dans les années 1930. Rose étudia au collège de Beauvais et y fit des amies, mais repartit pour la Turquie. Fortunée, s'était déjà fiancée à Isaac Halfon en Turquie, et Marie rencontra David Bally à Biarritz. En définitive, tous choisirent de s'installer à Bayonne, les Bally, 1 boulevard Jean-Jaurès, les Halfon, 4 rue Gambetta. Isaac et David, les deux beaux-frères devinrent associés dans un magasin de bonneterie. Marie et David eurent une fille, Rachel, surnommée Nelly, née le 11 octobre 1932. Le petit Moshiko, fils d'Isaac et de Fortunée, naquit, lui, en 1940.

Pourquoi avaient-ils choisi le Sud-Ouest de la France ? Attirés à Bordeaux par la présence de leurs coreligionnaires, les Juifs navarrais s'étaient établis clandestinement à Bayonne après la confirmation de l'édit d'expulsion d'Espagne dès 1498, s'y faisant tout d'abord prudemment connaître sous le nom de nouveaux chrétiens et faisant baptiser leurs enfants. Bientôt pourtant, Henri II leur accorda la permission de s'établir dans tout le gouvernement de Bayonne, leur octroyant des lettres patentes par l'entremise de leur compatriote André Govéa. Le 11 novembre

1574, Henri III leur délivra de nouvelles lettres patentes. Mais la jalousie des premiers arrivés à l'égard des nouveaux, qui contribuèrent fort habilement à la prospérité de la ville, fut telle qu'à partir de 1597, tout Portugais ne pouvant pas prouver dix ans de domicile dans la ville de Bordeaux dut la quitter. Henri IV leur intima même l'ordre en janvier 1602 de sortir du gouvernement de Bayonne, quitte à pénétrer plus avant dans le royaume. Toutefois, ces lettres patentes ne furent pas exécutées, le parlement de Bordeaux remarquant fort justement qu'il était absurde de renvoyer des citoyens utiles d'une province où on les avait relégués, pour leur permettre de revenir dans une province d'où on les avait chassés [1]. Et c'est ainsi que, compte tenu de leur habileté dans le négoce, les Juifs bénéficièrent à nouveau des faveurs du gouvernement de Louis XIV, comme en témoignent les lettres patentes de 1656 et 1658, investissant de plus en plus souvent dans les morutiers, et acquérant même des baleiniers [2]. Biarritz, aux portes de l'Espagne, avait remplacé Saint-Jean-de-Luz où se regroupèrent en majorité les nouveaux chrétiens jusqu'à cette date fatidique du 19 mars 1619, où Catherine de Fernandès fut brûlée vive par la population. Bientôt pourtant, l'accusation de sorcellerie contre les Juifs se répandit à son tour à Biarritz : il fallut fuir de nouveau, et trouver refuge à Bayonne. Les Israélites de rite sépharade prétendaient avoir une origine plus noble que leurs coreligionnaires allemands et ils faisaient remonter leurs origines à la tribu de Juda, la communauté de Saint-Esprit-lès-Bayonne, venant d'Espagne, se nommant autrefois *Nefutsot Yehuda*, c'est-à-dire *los dispersos de Juda*.

En 1760, dans son testament, David de Fonseca-Chacon, avait stipulé comme condition expresse que ses héritiers émigrent en France [3]. Telle ne fut pourtant pas votre motivation, Marie, Fortunée, Moshiko, David, puisqu'il vous fallut commercer dans la bonneterie. Mais, à l'instar de ces premiers émigrés de la péninsule ibérique renouant pour la première fois au XVIIe siècle avec le judaïsme, vous entonniez encore le matin de *Tish'a be-av*, l'élégie de la « Paloma » en vieil espagnol, tandis que le maître, lui, lisait en hébreu :

Criador hasta cuando
Tu Paloma quedera enlazada
En la red del lazador
Pobre i privada
De sus hijos, solitaria se queda
Esclamando : Señor!

« Ô Créateur suprême ! jusqu'à quand
Votre colombe sera-t-elle enfermée
Dans le filet de l'oiseleur ?
Elle est pauvre, abattue et privée
De ses petits, elle demeure dans la solitude
En s'écriant : Seigneur, hélas ! Seigneur[4] ! »

Témoignant de la constance de votre foi, la tendre colombe languit en pays étranger sous le joug de l'ennemi qui tente de la séduire et de la détourner du vrai Dieu au profit de vaines idoles, et elle soupire :

Alivia sus penas
I consuela los corazones lastimados
Junta los empujados
Dispersos por las naciones
I aproxima la redemcion.
Señor, Señor, Señor!
Solitaria se queda
Esclamando : Señor!

« Soulagez ses peines,
Consolez le cœur de ceux que vous savez affligés.
Rassemblez ces misérables exilés
Que vous avez dispersés parmi les peuples,
Et envoyez leur promptement le Rédempteur[5]… »

Marie, David, le 11 octobre 1932 vous avez présenté votre petite Rachel au Temple. Après avoir annoncé l'offrande, le ministre officiant a clos la cérémonie sur ces vœux à l'intention de la mère et de l'enfant : « *Por su buena mejoria i salida, por la buena mejoria de la senyora su madre, i la merced ke Dyos la delivro de todo malo...* » – qu'elle se porte bien et qu'elle soit la bienvenue dans le monde ; que sa mère se rétablisse et rendons grâce à Dieu de lui avoir épargné le malheur.

Le 19 avril 1943, les autorités d'occupation procédèrent à des rafles massives de Juifs à Nîmes, à Avignon, à Carpentras, à Aix. En mai 1943, les Juifs de Bayonne reçurent un ordre de repli sur Pau, chef-lieu de département. Ils étaient autorisés à emmener leurs meubles, leur argent, leurs avoirs, mais « les sujets turcs, roumains et hongrois sont exceptés des mesures d'évacuation ». Marie, Fortunée, étiez-vous encore sujets turcs ? Le directeur général de l'UGIF écrit de Marseille le 17 mai 1943 : « Mercredi 5 mai 1943, l'opération de repliement des coreligionnaires de la région de Bayonne a débuté par le transfert des vieillards de l'Hospice israélite de Bayonne à l'hopital départemental de Pontacq. Quarante-deux asssistés ou indigents ont été répartis à Viados, Espes-Underein et Charrite-de-Bas au nord des Basses-Pyrénées. Le 8 mai, les opérations de repliement ont pris fin ». Le 21 mai 1943, André Baur, vice-président[6] de l'UGIF écrit à R. Lambert, directeur général de l'UGIF pour la zone Sud : « Évacuation de la population israélite de Bayonne. Nous avons bien reçu vos informations concernant l'accueil de nos coreligionnaires repliés et vous prions de remercier votre délégué de Pau qui semble s'être parfaitement acquitté de cette tâche... *Drancy*. Il arrive encore à Drancy de nombreuses personnes arrêtées de votre zone. » Le 7 juin 1943, André Baur, qui a rendu visite le mois précédent au maire de Bayonne, plaide dans une lettre la bienveillance en faveur de tous ceux qu'ont atteints les mesures d'évacuation... au-delà de la ligne de démarcation, sur ordre des autorités d'occupation. Il demande au Commissaire général aux questions juives de consentir une dérogation aux conditions habituelles de remise des prélèvements mensuels.

Marie, Fortunée, quelles furent les circonstances de votre arrestation ? Dans la nuit du 10 au 11 janvier 1944, « la police française et la police allemande ont procédé dans les départements de la Gironde, des Landes et des Basses-Pyrénées à l'arrestation de tous les Juifs, comprenant les Juifs français, sans distinction d'âge, de sexe ou de situation particulière[7] ». Ce 10 janvier 1944 – jour même de l'assassinat de Victor et d'Hélène Basch par des miliciens lyonnais sous la responsabilité de Touvier – Maurice Duchont, intendant de police à la préfecture de la rue Esprit-des-Lois a retiré à 12 h 30 ses consignes au siège du KDS[8]. Une note, rédigée en allemand, l'informe de l'arrestation programmée pour 20 h de tous les Juifs du département, à l'exception des malades intransportables. Maurice Sabatier cumule les fonctions de préfet de la Gironde et de préfet de région : les Landes et les Basses-Pyrénées (devenues depuis Pyrénées-Orientales) sont sous son autorité. Maurice Papon – qui soutient être entré dans la Résistance le 1er janvier 1943 – est directement sous ses ordres en tant que secrétaire général de la préfecture de la Gironde, soit le numéro 3 dans l'organigramme[9]. Le préfet Sabatier va tenter de surseoir à l'opération en se rendant personnellement au Bouscat mais, à 21 h 30, force fut d'exécuter les ordres, aucun démenti du côté du gouvernement français n'étant parvenu.

Cette rafle, la plus importante touchant l'ensemble du département de la Gironde, et pour laquelle le KDS avait exigé la participation de la police française, s'inscrivait dans une série, la dernière en date étant celle du 20 au 21 décembre 1943, où cent huit Israélites, dont soixante-dix-neuf Français, furent arrêtés par la police allemande à l'insu de la préfecture, pour être déportés le 30 décembre. C'est peut-être cette nuit-là que vous avez été arrêtés, Marie, Fortunée, Rachel, Isaac, David !

La rafle policière n'ayant pas rapporté le nombre d'arrestations escomptées, vingt-deux sur quatre cent soixante-treize seulement, parmi lesquelles celle de deux vieillards de soixante-seize et soixante-dix-huit ans, tous les Juifs de la Gironde furent regroupés à la synagogue, ainsi profanée et transformée en lieu de détention, 213 rue Sainte-Catherine à Bordeaux. D'aucuns prétendent que le grand rabbin, Joseph Cohen, était en fuite et réfugié à l'archevêché de Bordeaux, version que contestent ses enfants. On vous évacua ensuite le 12 janvier sur Drancy, entassés dans des wagons à bestiaux, avec pour tout bagage un seau hygiénique. « Au départ, rien que pour la Gironde, il y avait trois cent dix-sept Juifs âgés. Par exception, quelques vieillards n'ont pas été arrêtés [10]. »

Vous ne faisiez donc pas partie de ces Juifs « intéressants (*sic*), croix de guerre, mutilés, femmes de prisonniers », comme cette « Mme Bibal » que Papon, nommé à Bordeaux depuis juin 1942, avait demandé de libérer ou à défaut de laisser à Mérignac [11] !

Marie et Fortunée, le Mémorial de la déportation des Juifs de France [12] a gardé trace de la date et du numéro de votre convoi en partance pour Auschwitz :

CONVOI N°66 DU 20/1/44

HALFON, ISAAC, 20-01-06 ISTANBUL.
HALFON, FORTUNÉE, 02-01-12 BROUSSE.

Votre petit Moshiko, quatre ans, n'est pas avec vous : il avait la rougeole ; les Allemands craignant la contagion, il fut confié à des voisins ! Le rapport d'activité de la SEC de Bordeaux, daté du 1er février affirmait pourtant : « Contrairement aux bruits répandus, les enfants n'ont pas été séparés de leurs parents [13]. » Moshiko survécut et fut recueilli quatre ans plus tard par sa tante Flore, dernière survivante des enfants de Sarina et Bohor.

BALLY, DAVID, 5-05-05(=1905) : ISTANBUL
BALLY, MARIE, 25-12-11(=1911) : BROUSSE
BALLY, RACHEL, 11-10-32(=1932) : BIARRITZ.

C'est l'interné Georges Schmidt, matricule 1910, qui, succédant à Robert Blum, le 22 novembre 1943, à la direction intérieure du camp de Drancy, dut établir la liste de sélection de ce convoi, assisté par Emmanuel Langberg. Il interdit les « soirées récréatives » au camp, de même que la musique dans les chambres, mais on dit que les enfants étaient sacrés à ses yeux : la petite Rachel partit pourtant, elle aussi, par le convoi 66, de même que deux cent vingt autres petits compagnons, après être passée par le centre de rassemblement de Bordeaux.

Vous auriez transité huit jours à Drancy… Pour Suzanne Birnbaum, arrêtée le 6 janvier 1944 à Paris, arrivée le lendemain à Drancy, et déportée par le même convoi que le vôtre,

« Drancy, dont on avait très peur de loin, était un camp à la rigolade tant qu'on y demeurait. Mais lorsqu'on était là, au bout de trois jours, on trouvait le moyen de se débrouiller, de correspondre avec l'extérieur et de recevoir des colis de toutes sortes… On pouvait même, si on acceptait certaines conditions, retarder sa déportation de quinze jours ou d'un mois […] pour partir avec les connaissances sympathiques qu'on avait eu le temps de faire [14]. »

Dans le convoi n° 66, pour lequel manque le télex habituel, partirent de Drancy six cent trente-deux hommes, cinq cent quinze femmes et deux cent vingt et un enfants de moins de dix-huit ans [15].

Les carnets de fouille de Drancy indiquent la somme que tu portais sur toi, Isaak :

« Halfon Isaak : 1) 5245 francs. 2) 2 dollars américains. »
(Carnet 56/ 114/ 11304. 13/1/44.)

Toi, David, en revanche, tu n'eus rien à déclarer.

Les Abtransport originaux de votre convoi à destination d'Auschwitz mentionnent :

58. BALLY, David : 5-5-05. *Kaufmann.*	11301.
59. BALLY, Marie : 25-12-11. *Handelsfrau.*	11302.
60. BALLY, Rachel :11-10-32. *Ohne.*	11303.
…………	
444. HALFON, Fortunée : 2-1-12. *Ohne.*	11305.
445. HALFON, Isaak : 21-01-06. *Kaufmann.*	11304.

Marie, Fortunée, peut-être avez-vous été conduites comme Suzanne Birnbaum au Lager B, le camp des travailleuses, au bloc 27, le pire de tous, le plus sale, où sévissaient les plus redoutables *stubawas*, où d'énormes rats mangeaient le pain sous votre tête la nuit. Une Marie, compagne de coya de Suzanne Birnbaum, fut affectée à l'atelier de couture : mais ce n'est pas toi, ma petite Marie, car celle-ci eut la chance de revenir aux vivants en compagnie de Suzanne. Peut-être travailliez-vous au commando 22 des marais ou au commando 105 des pierres. Avez-vous eu le temps d'implorer comme la petite Suzy : « Mon Dieu, faites que je ne meure pas ! Si jeune, uniquement parce que je suis juive. Mon Dieu ! ceux qui nous tuent sans jugement, sans remords, auront le droit de vivre ? Pourquoi, mon Dieu, pourquoi ? » Avez-vous eu le temps de regretter de « n'avoir pas été gazées à l'arrivée au camp [16] » ? En 1945, il y avait quarante-sept survivants dont quinze femmes. Fortunée ne fut pas du lot, pas plus que la petite Rachel. David, lui, survécut, il fut rapatrié le 22 juin 1945 : la vie continua pour lui.

Abba, toi pour qui la mémoire était sacrée, tu ne m'as jamais parlé de tes cousines Marie et Fortunée. Tu étais si proche d'elles, vous avez dû partager beaucoup de fous rires ensemble. Leur sœur Flora était très liée à ta propre sœur Régine, « la crème de la famille », comme elle l'appelle, et toutes deux aimaient à dormir chez l'une ou chez l'autre. Si Flora partit étudier en 1920 en Amérique, tu continuas à fréquenter leur plus jeune sœur : je possède une photo de toi jouant aux cartes avec Rose et son mari David Ajuelo. Tiens, tu jouais aux cartes, abba ?

1. Léon, H., *Histoire des Juifs de Bayonne*, Paris, 1893.

2. A. Zinc, « Les Juifs de Saint-Esprit-lès-Bayonne et le prêt à la grosse aventure », *Archives juives, revue d'histoire des Juifs de France*, n° 29/2, 2e semestre 1996.

3. G. Nahon, « Bayonne dans la Diaspora », *Métropoles et périphéries sépharades d'Occident*, Le Cerf, Paris, 1993.

4. *Chansons judéo-espagnoles* interprétées par Hélène Engel, Autour du monde.

5. Cité dans A. Lévi, *Les Vestiges de l'espagnol et du portugais chez les Israélites de Bayonne*, Bayonne, Imprimerie du « Courrier », 1936.

6. Celui-là même qui, dans une lettre du 6 juillet 1942, écrivait au commissariat aux questions juives : « Il me paraît particulièrement dangereux de faire connaître à la population juive qu'elle doit s'attendre à une nouvelle et vaste mesure de déportation. » CDJC, n° XXVIII-31a, cité par M. Rasjfus, *op. cit.*

7. R. Terrisse, *Bordeaux, 1940-1944*, Librairie académique Perrin, Paris, 1993.

8. Kommando der Sicherheitspolizei und des Sicherheitsdiensts. Gérard Boulanger, *Maurice Papon, un technocrate français dans la collaboration*, Seuil, Paris, 1994.

9. B. Lambert, *Dossiers d'accusation : Bousquet, Papon, Touvier. Inculpés de crimes contre l'humanité*, éditions de la Fédération nationale des Déportés et internés résistants et patriotes.

10. R. Terrisse, *op. cit.*

11. « C.F.L.N. – Commissariat à l'Intérieur. Service Courrier. Documentation et Diffusion. Dossier B. 29352. Informations diverses. Date : Réception. 4-4-44. Diffusion 4-7-44. No 5087. Informations diverses, Bordeaux. » (CDJC, n° CCXIV, 72).

13. Édité et publié par B. et S. Klarsfeld, BP 137-16, 75763 Paris.

14. R. Terrisse, *op. cit.*

15. *Une Française juive est revenue (Auschwitz, Belsen, Raghun)*, Éditions du Livre Français, Paris, 1945.

16. Archives du CDJC.

17. *Ibid.*

V

EN EAUX TERRITORIALES FRANÇAISES

Tu madre, kuando te pario,
I te kito al mundo,
Korason eya no te dio
Para amar segundo.

« Lorsque ta mère t'enfanta
Et qu'elle te mit au monde,
Elle ne te fit point un cœur
Pour en aimer un autre[1]. »

1

UNE NUIT DE NOCES AU « PÉRA PALAS »

La cousine Beky de Jérusalem m'écrivait :

« Ta maman, Rozika, la dernière, était très jolie... Elle a fait le mannequin... Oncle Merkado lui a trouvé un mari. Nous avons passé de très bonnes journées ensemble et, la guerre finie, tout le monde est reparti... ».

Tu fais le mannequin, ima ! *Kyen mal mos kera !* Papou vous a rejoints en Turquie depuis septembre 1943. Il faut vite te trouver un mari, un mari juif, selon son cœur : *El ke tyene ija de kazar i no la kaza, se kaza sola !*

Ces deux-là, abba et ima, se marièrent le 19 novembre 1945, à Istanbul, à la mairie de Beyoglü. Il fallut te doter : seule des quatre filles, la dernière pourtant, tu bénéficias de ce privilège. Papou vendit l'immeuble que vous aviez conservé à Şişli. Le mariage religieux, lui, avait eu lieu la veille, au temple Zulfaris. Votre *ketuba* est rédigée en hébreu et en turc :

Dans la ville d'Istanbul, située au bord d'une grande mer, le dimanche 13 du mois de kislev de l'an 5706, selon la coutume, tu demandas, Yaakov Kohenka, fils du défunt Selomo à la jeune fiancée Rozi (Roza) Gabay, fille de Merkado, Menahem, selon la tradition et la religion israélite :

« *Deviens mon épouse…* »

Par les mêmes droits, selon la tradition juive, tu t'engageas à travailler avec foi et respect, à l'honorer, la nourrir… et ce,

« *… aux yeux du monde entier* ».

Ta fiancée t'apportait en dot dix mille livres turques en espèces, à quoi vinrent s'ajouter cinq mille livres turques d'effets : habillement, bijoux et literie. Tu y ajoutas, abba, « de par [t]a propre volonté », cinq mille livres en espèces, ce qui porta la totalité de la somme à vingt mille livres turques qui te revinrent de droit. Tu t'engageas en outre à ce que tout ce qui t'appartenait

« *dans le présent et dans l'avenir dans ce monde, meubles et immeubles, tout mon avoir, y compris la chemise que je porte sur moi* »,

revînt à tes héritiers. Enfin, tu promis de ne pas prendre d'autre femme

« *pendant le trône de [t]on mariage* »,

et de ne pas divorcer religieusement sans l'autorisation de la communauté. Rozika, t'avait-on plongé sept fois la tête dans l'eau au *mikve* ? En souvenir de la destruction du temple de Jérusalem, Yakoov, le nouvel époux a brisé un verre sur le sol. *Mazal tov !* Une pluie de riz s'abat sur vous au sortir du temple. *Eyos tengan bien i mozotros tambien !*

Dans le quartier de Galatasaray, l'hôtel *Péra Palas*, cosmopolite, désert. Lambris, boiseries 1900. L'odeur de l'Orient-Express flotte encore un peu, fanée. L'ombre d'Agatha Christie plane dans la chambre 411. Dans quelle chambre avez-vous bien pu consommer votre nuit de noces ? Chuchotements rieurs des sœurs : Rozika n'était pas vierge… Tu avais pourtant acquitté, abba, selon la religion juive, la somme de deux cents pièces d'argent « qui revenait de droit pour prix de sa virginité » à la jeune épousée ! Pour donner le change à son époux, Sultana conseilla à sa jeune sœur d'emporter sous les draps une petite tabatière dont le couvercle rabattu suffirait à imiter le son de la défloration ! *Banamelololo ?* Abba du moins eut le sang apaisé.

A Istanbul, en ce 1er mai 1994, les femmes étaient revêtues du *tchador*.

J'avais pensé revenir bourrée de souvenirs, d'impressions. En fait, j'étais partie bourrée de souvenirs, d'impressions qui n'étaient pas les miens : je ne les avais que fugitivement retrouvés, au hasard d'une rue, d'une pâtisserie. Ceux que je rapportais, gazouillis de la langue turque parlée par les femmes, bruits, odeurs du bazar égyptien, appels par haut-parleur à la prière estompaient l'Istanbul racontée, s'y superposaient. Bientôt, je ne saurais plus les démêler. J'avais traversé à pied le pont qui relie l'Europe et l'Asie : pour Herder déjà, les Juifs étaient « cet étrange peuple venu d'Asie ».

D'un continent à l'autre, je contemplais, fascinée, le Bosphore à mes pieds, le surplombant des terrasses de Topkapi. Cette petite voie ferrée banlieusarde, c'était là la voie magique de l'Orient-Express ? Brûlés le pont de Galata et ses petits restaurants de poissons ? Où étaient les coupoles d'or des mosquées de mes rêves ? Se pouvait-il que je confondisse Jérusalem et Istanbul, que ces deux villes si différentes ne fissent qu'un dans mon esprit, si grand était mon désir de m'y rendre sans y parvenir ? Allais-je connaître la même déception à Jérusalem ?

Des photos du mariage, curieusement, abba est absent : Rozika, en robe de mariée pose, seule, grave, sans sourire, si ravissante, environnée de sa longue traîne, de corbeilles de fleurs, son bouquet de mariée dans la main gauche, main droite gantée, paume ouverte, attentive aux conseils du photographe. Puis avec papou, chapeau haut de forme et redingote : il a l'air très ému au côté de *la ija de la vejes*.

Il n'y eut pas de voyage de noces, et tu partis, Rozika, vivre auprès de ta belle-mère Rébecca, à Ankara. Assise sur le muret d'une terrasse, en déshabillé, cheveux relevés, pendentifs aux oreilles, tu souris sous une tonnelle, et tu signes : « Souvenir de votre nièce, Rosa, l'Ankariote. » Tout ton trousseau y passe : tailleurs, manteaux de demi-saison, fourrures ! L'avais-tu exposé comme c'est la coutume, le samedi précédant ton mariage aux yeux du voisinage ? La même tonnelle. C'est novembre : ni jasmin ni glycine. Abba, costume sombre, chapeau mou, pochette et chemise blanches, joue les Bogart. Il paraît, Rozika, que tu t'évertuais à lui talquer les tempes pour qu'elles aient ce reflet argenté qui te plaisait tant ! Abba avait déjà trente-sept ans, treize ans de plus que toi : pourquoi t'avait-il attendue si longtemps ?

Rozika, te demanda-t-on ton avis – *mi padre me kazava i yo no lo savia* – ou bien t'est-il arrivé la même mésaventure qu'à prima Rita Frances ? La famille Menda, qui approvisionnait en chaussettes de chèvre les Allemands et les Américains – ils s'en servaient pour fabriquer des explosifs – et que Bohor Frances avait soignée gracieusement, offrit d'employer son fils Victor en qualité de comptable lors de son retour en Turquie pendant la guerre. Un allié des Menda demanda alors la main de Rita, qui commença par refuser. Mais Victor exerça un chantage sur sa fille : « Si tu n'acceptes pas ce prétendant, je risque de perdre mon emploi, ta mère, ton petit frère en pâtiront. » Rita tint bon, négociant les compromis, pour finalement capituler sept mois plus tard. Ce fut un mariage malheureux : *A tu ijo ambezalo a ennadar i a tu ija a endetchar !* – « apprends à ton fils à nager et à ta fille à souffrir ! » Le vôtre fut-il plus heureux, Rozika ? Tu avais vingt-quatre ans, tu étais la dernière des filles, il était temps. Abba, dit-on, te fit une cour enflammée : les télégrammes, les gerbes de fleurs arrivaient à point d'heure. On dépêchait Makhlouf, pour te servir de chaperon contre les assauts de Jacob : « Il était tout le temps là au mauvais moment ! » plaisantait encore abba. Jacob portait des chemises de soie si douces, il était si raffiné, occidentalisé, espérais-tu : bref, toi aussi tu capitulas…

Ta dot fut l'objet d'interminables querelles, en témoignent tes lettres de jeune mariée à peine revenue en France et récriminant contre ta belle-mère, qui en profitait plus que toi – *La nuera traye achugar de oro i de marfil, la suegra tyene syempre ke dizir!*

Tu en avais donc déjà après ma nona, la douce Rébecca, *la suegra :*

Las suegras de agora
Son gusanos de pare;
Los malmeten a los ijos
I los hazen pelear[2]…

« Les belles-mères aujourd'hui
sont comme des vers dans un mur ;
elles malmènent leurs enfants
et suscitent des querelles entre eux. »

Elle s'estime sacrifiée, elle doit refouler ses envies de jeune femme pour satisfaire une belle-mère exigeante. Abba veut quitter le domicile conjugal : ima le somme d'en aviser sa mère. Pourtant, ne suis-je pas déjà en route ? Abba, lui, est partagé entre son amour filial et son amour pour celle qui n'était et ne restera toute sa vie qu'une « gosse » à ses yeux, au même titre que l'enfant à naître. Est-ce pour cette raison que jusqu'à mes treize ans je dus partager la même chambre qu'ima, la chambre des gosses, en somme, aussi bien à la maison qu'en villégiature ?

Souvent je me glissais dans le lit maternel, et nous nous bagarrions, comme des gosses effectivement, à coups de pied. Tu entrouvrais alors la porte, en bon père, indulgent et grondant tout à la fois, abba : « Jeux de mains, jeux de vilains », cela finissait toujours mal en effet, ima était plus forte que moi.

Tu n'avais manifestement pas pris trop de soin non plus, abba, d'enterrer ta vie de garçon, comme en témoignent les lettres de tes copains célibataires. Ankara n'a plus pour eux aucun charme, ton rire leur manque, leurs affaires périclitent. Ils te reprochent, sitôt marié, de t'être comporté en étranger à leur égard, ils envient ta nouvelle condition et se réjouissent d'avance de la fête qui accueillera ton héritier ! Est-ce la même lettre ou une autre, au dos d'un invraisemblable papier de comptes ? Ima s'exerce apparemment à écrire – à moins qu'elle ne le refuse – son nouveau nom :

Madame Rosie Quencat (qu'est-ce que cette orthographe inconnue, encore !)
Madame Rosie Quencat
Madame Rosie Quencat.

1. « Adio kerida », chanson judéo-espagnole interprétée par Hélène Engel, Autour du monde.

2. « Las suegras de agora », Chants judéo-espagnols de la Méditerranée orientale, interprétés par Bienvenida « Berta » Aguado et Loretta « Dora » Gerassi, Inédit, Maison des Cultures du monde.

2

DANS LA MAISON DE JACOB

A papa i a mama este ninyo es de su papa
a la caye le yevara, todo el bueno le comprara.

De son père et de sa mère, cet enfant est bien de son père
On l'emmènera dans la rue et on lui achètera tout ce qu'il
[désire[1].

Dans l'Orient désert, la belle Esther dépérit d'ennui, Rozika se languissait de ses parents, de ses sœurs, tous rentrés en France. Elle envoie à sa sœur Klara un gros recueil, *L'Ame française à travers la littérature*, de R. Bady et J. Chevalier, ainsi dédicacé : « A notre chère petite Klara, en souvenir affectueux de deux exilés perdus en "doulce Anatolie", Rosie et Jacques. » Tu as déjà francisé vos prénoms ! Une des clauses non écrites de la ketuba ne stipulait-elle pas le retour au pays de ton adolescence, la France ?

Jacob et Esther conçurent leur enfant « en eaux territoriales françaises », en rade de Marseille, aimait à préciser Jacob : je m'amusais à compter sur mes doigts, septembre 1946 !

Marseille, la grande ville sépharade, celle qui avait vu passer tant de réfugiés. Marseille, d'où Peppo s'embarqua pour l'Amérique en juillet 1941, Marseille, où Jacky Cuenca vivait sous une fausse identité, Marseille où Raoul, un autre de tes cousins dont tu n'as non plus jamais parlé, abba, fut arrêté en janvier 1943 alors qu'il s'apprêtait à partir pour l'Argentine. Né à Salonique, sujet espagnol, comme le reste de sa famille, Raoul Saporta fut torturé au centre de tri de Compiègne, en sa qualité de juif puis de franc-maçon : il avait en effet fondé la loge B'nai Brith de Marseille, de même qu'Abraham, son grand-père avait fondé celle de Salonique. Membre d'un réseau de Résistance, pour aggraver un peu plus encore son cas, il était porteur d'une carte du Parti républicain espagnol ! A Auschwitz, à Matthausen, ses connaissances d'ingénieur lui avaient valu d'être affecté dans une usine de fabrication d'obus. Il en profita pour se livrer à des activités de sabotage. Les nazis lui brisèrent les jambes, le ficelèrent à des barbelés électrifiés : un bombardement américain le sauva fort opportunément. Raoul fut libéré le 5 mai 1945. Tu aurais pu lui rendre visite, abba !

Les fiançailles de Raoul et de Nelly Cuenca, en mars 1933, avaient été fastueuses : toute la grande famille dispersée s'était rassemblée à l'hôtel *Bohy*, rue La Fayette. Le mariage eut lieu en juin, à la mairie du IXe, à la synagogue et au consulat d'Espagne. Pourtant Nelly ne voulut pas, le moment venu, profiter du décret espagnol lui permettant d'être « rapatriée » en Espagne ainsi que ses enfants, sûre qu'elle était de retrouver son époux après-guerre. Raoul ne faisant pas partie des déportés raciaux, mais des déportés politiques, elle eut besoin d'un laissez-passer pour aller le chercher au *Lutetia* à Paris. Un grand professeur de médecine consulté lui prit mille francs et lui conseilla : « Laissez-le mourir ! » Nelly s'employa à le faire vivre. Lorsque au bout de quelques mois il put tenir assis à la table familiale, il eut ce réflexe, dont sa fille se souvient encore épouvantée, de poser ses mains sur l'assiette de peur qu'on ne lui vole sa nourriture ! Connaissant beaucoup de langues, Nelly servit de déléguée entre les communautés juives réfugiées de Marseille et les Allemands. Militante sioniste ardente, elle contribua au départ clandestin de nombreux bateaux de Marseille pour Israël. Après la guerre, Nelly devint responsable régionale de la WIZO (Women International Zionist Organization) à Marseille.

Luna, la veille de l'accouchement de Rozika, lui avait raconté son rêve : *la kriatura... dos grandes ojos pretos komo azeytunes de Volo*[2]... Ima et abba s'étaient mis d'accord sur le prénom de Francis, quand le Dr Ravina annonça : « Ce sont de longs cheveux de fille. » A la naissance de sa quatrième fille, papou, dit-on, s'évanouit :

Una ija, una meraviya
Dos, kon savor,
Tres malo es,
Kuatro ijas i la madre
Mala vejes para el padre.

Une fille, c'est merveilleux,
deux, c'est délicieux,
trois, c'est très mauvais,
quatre filles et leur mère,
mauvaise vieillesse pour le père.

A la naissance de ton unique fille, tu fondis en larmes, Rozika. Pourtant tsia Rika Cuenca envoyait apparemment ravie la nouvelle de par le monde : *Al kiridu Jacob li nasiyo una ijika alma* – « l'âme d'une petite fille est entrée dans la maison de Jacob ». Je naquis au mois de mai, *mes de Mayo*. Pour ce Francis manqué, point de brit mila ; on ne chanta pas non plus *Hadas, hadas, hadas buenas ke te vengan* le septième soir de ma naissance, mais on but tout de même force raki – « Nahmias » bien sûr ! – et l'on mangea de l'*abudaraho*. Cette naissance fut même pour mamou l'occasion d'écrire son unique poème :

Le premier jour de Mai
Ami con se rassemble
Pour célébrer ensemble
Le premier jour de Mai.
L'été par sa présence
Revient comblé nos veut.
Sur l'erbe de prairie courons
Former des veut.
Lait rose son fleurie
Voici les jours heureux.

Au centre du bocage
gasouy au fon du boit
Melon à son langage
Le concert de nos voit.

Faute du Francis attendu, la vogue d'une pièce de théâtre, qui faisait fureur en 1947 et qu'incarnait Danielle Darrieux, fut à l'origine du prénom qu'ils finirent par me choisir, même si j'aurais préféré que ce fût pour Nerval. Mais je reçus pour second prénom, celui de « Rita » – une de plus ! – masquant, vestige de marranisme ou peur d'un nouveau déluge, le prénom hébraïque Sarah, celui de l'arrière-grand-mère Nahmias.

Sarah, l'épouse si belle d'Abraham, qu'en arrivant sur les terres d'Abimèlekh, il la fit passer pour sa sœur, alors qu'elle était la fille de son frère aîné Haran, sa nièce donc. A ma naissance, le cercle de famille, souhaita à mes parents : *Anyos de vida ke le kontes!* La Sarah biblique ne vécut-elle pas cent vingt-sept ans ? Encore, son existence fut-elle abrégée de trente-huit années à cause de ses disputes avec Abraham au sujet de leur servante Hagar et de son fils Ismaël ! Prophétesse – ne convertissait-elle pas les femmes, tout comme Abraham les hommes ? –, Sarah ne put enfanter que lorsque Dieu changea son nom de Saraï en Sarah, et celui d'Abram en Abraham. Première des matriarches, elle prénomma son fils Isaac, « celui qui rira », en souvenir de sa réaction à l'annonce de ce miracle par Élohim : n'avait-elle pas quatre-vingt-dix ans alors ? De même que la Sarah biblique, seule femme nantie du privilège de changer de nom, Sara Cuenca, naquit une seconde fois avec un nouveau nom, une nouvelle personnalité.

Abba voulut oublier Cuenca, pour « franciser » le nom de jeune fille de sa propre mère, Nahmias… Astucieux ! commentera le rabbin si réfractaire à dire le kadish sur la tombe de Jacob, et qui refusera toujours d'associer les deux noms à la synagogue pour le *meldado*. Marranes ? Ils n'avaient pourtant changé que de nom, pour me « protéger » d'une nouvelle folie meurtrière. Zakhor ! – parole énigmatique, décidément. Peut-être, après tout, abba ne m'avait-il demandé de me souvenir, de conserver, que pour réparer l'oubli, l'effacement des origines dans la transcription du nom patronymique ! Ima et abba voulurent aussi prendre la nationalité française. Conçue « en eaux territoriales françaises », en rade de Marseille, mais de parents sujets turcs, je n'avais donc pas bénéficié du droit du sol à ma naissance. La procédure fut longue et complexe, comme en attestent les documents que je retrouvai :

MINISTÈRE DES AFFAIRES SOCIALES, 4 JUIN 1957

« J'ai le regret de vous faire connaître qu'il n'est pas possible de prendre dès maintenant une décision en votre faveur : en effet, étant donné les éléments de votre dossier, mes services ont estimé indispensable de solliciter, à votre sujet, des renseignements complémentaires qui ne leur sont pas encore parvenus.

« Armand Fouard. »

Dans la marge, abba a souligné « des renseignements complémentaires » et écrit « auprès de qui ? », plutôt que « lesquels ? » !

Le 21 janvier 1955, la justice de paix du XVIe arrondissement m'octroya la nationalité française. La vôtre suivit en juillet 1957 : il vous avait fallu produire un rapport de moralité et de loyalisme ainsi qu'un procès-verbal relatif à l'assimilation. Le beau nom de leur village de Castille, Cuenca, affreusement turquisé en Kohenka, abandonné lors du choix de la naturalisation, abba et ima votèrent, ivres de joie et de fierté pour la première fois en 1958 ! 4 mars 1959 : vous êtes pourtant encore citoyens de la République turque, assure le certificat de nationalité, mais à quoi sert-il puisqu'il mentionne qu'il « ne peut pas être employé pour des voyages au lieu de passeport » ? Cela t'a coûté abba, 1 410 francs. Régulièrement prorogé jusqu'au 4 mars 1963.

« Je me souviens… » de la villa Flore, de Mme Pujold, la concierge de l'immeuble voisin qui vivait dans une loge en sous-sol carrelée de faïence de bas en haut et qui confectionnait de si jolis costumes en fleurs de papier crépon pour la fête de l'école, rue Boileau. De Mlle Meunier, l'infirmière de toujours, à la peau grêlée. Du Dr Blechmann – le pédiatre de Drancy ? –, qui me faisait prendre la posture du « poulet rôti » dans le sombre cabinet de l'avenue de Messine, et qui si souvent s'approcha de moi avec de grandes aiguilles pour procéder à d'innombrables paracentèses : Rozika se réfugiait aux cabinets pour ne pas entendre mes hurlements, abba et nona étaient agenouillés auprès de moi et me maintenaient sur la peau de bique. Je me souviens des bains brûlants au sel de mer qu'on m'infligeait en guise de cure d'amaigrissement, de mamou chauffant mon derrière de petite pisseuse d'une bougie enflammée. Je me souviens de « ladamedelalimenpur » au doux sourire chez laquelle ima achetait du germe de blé dont elle saupoudrait ses salades de « fausse maigre ». De l'horloger Geoffrion de l'avenue Mozart, de ma médaille que je suçai à l'user, de ma première montre à bracelet jaune, en lézard pourtant. Du teinturier « camillaluéné », de la boucherie Villefayot à laquelle, espiègle, je commandai tant de fausses livraisons, du tripier de la rue La Fontaine et de l'affreuse odeur du foie de veau et de la cervelle dont abba se régalait frite. Je me souviens qu'après-guerre, mes parents, récemment immigrés, avaient engagé la cuisinière d'un ministre ! Du balcon de la villa Flore d'où j'épiais, fascinée, « la folle » qui accrochait son linge, fichu noué en pointe sur la chevelure, une rangée de pinces à linge étirée sur le nez. De la salamandre, du lit bateau, de la petite étagère de bois et des livres Rouge et Or, des Trilby aussi, qu'on m'avait offerts pendant ma longue pneumonie, un jour d'hiver que j'étais tombée dans le bassin du jardin d'Acclimatation. De la chambre de ma nona Rébecca, qui ne sortait jamais sans sa voilette et ses gants, joueuse de poker invétérée qui rassemblait dans sa chambre Berthe, Grete,

Rachel, pour d'interminables carrés seulement entrecoupés par la dégustation de *borekas*, *filas*, *kurabiyés* et autres gâteaux aux pavots. Toute petite, je me coulais dans cette chambre, passais des heures aux pieds de nona, qui me chantait les berceuses judéo-espagnoles et régulièrement me tendait une carotte crue macérée dans le vinaigre et le cumin, un loukoum. Rozika n'aimait pas sa belle-mère, la suegra, se plaignant que son mari lui préférât sa mère, qu'il gâtait trop, comparée à elle, et elle menace :

Mi suegra
La negra
Kon mi se dakileya
Yo no puedo mas vivir kon eya
Eya es muy fuerte,
Mas ke la muerte,
Un dia me vere sin eya.

« Ma belle-mère
La mégère
Aime me taquiner.
Je ne peux plus vivre avec elle,
Elle est très forte,
Plus que la mort,
Un jour je me trouverai sans elle[3]. »

Nona avait dû partir à l'hôtel, boulevard Richard-Lenoir. Le dimanche, je grimpais quatre à quatre les marches, me précipitais sur le fauteuil : nous nous étouffions de baisers, tant la semaine avait été longue loin l'une de l'autre et nona recommençait à me gaver de pistaches, cornichons molossols, boulettes à la tomate. Nona revint une nuit villa Flore, morte. Nous n'avions pas de ligne téléphonique alors, et devions passer par la concierge de l'immeuble, Mme Quintanel. Elle nous avait appelées et ima, sans précaution, à son habitude, m'annonça en raccrochant : « Nona est morte. » J'avais sept ans. Je ne savais pas ce que la mort était, mais je fis un subictère. Sur le faire-part de décès de nona, on pouvait lire :

Vous êtes priés d'assister à l'inhumation de
Mme Vve Salomon Cuenca
Née Rébecca Nahmias
décédée à Paris le 26 chevâte 5715,
Qui se fera le mardi 2 février 1954 au cimetière
de Pantin-Parisien.
On se réunira à 10 h 45
directement à la sépulture située 114e division
Métro Porte de la Villette et ensuite autobus 152.

De la part de :

M. et Mme Meier Vradjali et leurs enfants,
Le Dr et Mme Jo Pappo,
M. et Mme Jacob Cuenca et leur fille,
M. et Mme Paul Jaulus et leur fille,
ses enfants, petits-enfants, et arrière-petite-fille ;
Mme Vve Haïm Pappo, ses enfants, petits-enfants, sœurs, neveux, nièces, petits-neveux et petites-nièces ;
Des familles Cuenca, Pappo, Nahmias, Policar, Frances, Yahni, Narr, Hayon, Yeroham, Bensasson, Behar, Salti et Ajuelo.
Et de toute la famille.
5, villa Flore, Paris XVIe.

« Nous étions une grande famille, nous sommes aujourd'hui dispersés… »

Nona, née en 1883 à Salonique, avait rejoint son fils Jacob en France en 1946. A compter du 23 septembre, elle était en possession d'une carte de « résident ordinaire » dont la validité avait été prolongée jusqu'au 23 septembre 1955. Tiens, on avait le droit de produire des photos d'identité de profil ! Après l'enterrement de nona, auquel je n'eus pas le droit d'assister, la maison fut soudain pleine de cousins, de tantes. Il y avait même « parrain », celui qui m'offrit un joli pingouin en peluche quand toutes les autres petites filles n'avaient que des nounours. Je l'appelai « Nico ». Mon pingouin avait un petit chapeau de feutre rouge pointu et surmonté d'un bouton, un ventre blanc que je décousis à plusieurs reprises pour découvrir qu'il était bourré de crin, comme je me plaisais à dévisser le cou de mes baigneurs afin de mieux examiner le fonctionnement des yeux. Pour respecter *los syete*, les sept jours de deuil, abba s'installa sur un matelas à même le sol. Mais à qui le rabbin avait-il bien pu faire une entaille dans le haut d'un vêtement ? Je ne me souviens pas que mes tantes Reginika et Vicky aient fait le déplacement. Puis ce fut la fin du premier mois de deuil, *kortamos el mez* : désormais abba se rendit ponctuellement chaque année à la synagogue Don Abravanel de la rue de La Roquette, « *por el meldado de maman* ».

Villa Flore toujours : l'arrivée du père, fourbu, tard le soir.

– *Abba !*

– *Ija del baba !*

– On bokse ?

Et ils boxaient ensemble, pour rire.

Chaussures anglaises à barrettes, socquettes Dédé blanches ou jaunes, gants blancs surpiqués avec cette affreuse pression qui appuyait sur mon pouls, je remonte l'avenue Mozart avec ima : « Tu aimerais avoir un petit frère ? » Pourquoi cette dénégation violente, cette rougeur qui empourprait mes joues, ce cœur qui soudainement battait la chamade, pourquoi cette indifférence feinte quand ima admirait un bébé au jardin, caressait les cheveux de la ribambelle d'enfants de la couturière, régulièrement enceinte ? Je m'ennuyais pourtant, seule ; à cette époque je n'avais pas encore d'amis.

Ils déménagèrent lorsque j'eus sept ans, pour un hôtel particulier de la rue Poussin dont ils louèrent le premier étage. Au rez-de-chaussée vivait un petit bossu, avocat de son métier, M. Lewinsky, qui m'offrait régulièrement des dragées. Je me souviens de la grille de fer forgé qui menait au premier étage, et sur laquelle je me balançais en prenant mon élan. La bonne d'alors s'appelait Jacqueline, elle jouait de l'accordéon le soir lorsque les parents étaient de sortie, et m'avait emmenée un dimanche après-midi au théâtre du Châtelet, où sa mère était cuisinière, voir *Les Cloches de Corneville*. La bonne avait pour ami un « bicot », mais je n'avais pas le droit de lire les journaux : j'écoutais « La famille Duraton ». On m'emmena voir la série des « Papa, maman, la bonne et moi », avec Robert Lamoureux sur les Champs-Élysées.

Nous n'avions toujours pas de ligne téléphonique et devions passer la communication par l'intermédiaire du propriétaire, le Dr Billot, aux moustaches aussi jaunes que le fond de la baignoire que nous pouvions utiliser avec son autorisation, et qui habitait au second étage en compagnie d'une Polonaise peu amène, Wanda. Pas de frigidaire non plus, puisque je me souviens des longs pains de glace qu'on ramenait, ruisselants, dans un panier. Mais nous avions la jouissance d'un jardinet où je conviais mes amies à des parties de hoola-hoop. Un jour, je réalisai en grand secret un vieux rêve : je troquai mes chers Trilby, *Dadou gosse de Paris* qui m'émouvait tant, *Les Patins d'argent* si souvent relus, contre une mallette de jeux de société que mes parents me refusaient. Le jeudi, je me précipitais au kiosque pour dévorer *Line*, *Lisette*, *Nano et Nanette*, *Aggie*. Ima prenait un malin plaisir à me faire sangloter en prétendant qu'en fait je n'étais pas leur fille, mais celle, abandonnée, du comte et de la comtesse de Paris ! Un soir que je m'exerçais à m'envoler après la lecture de *Peter Pan*, je tombai de la cheminée. Jacqueline, la bonne accordéoniste, m'apprit un peu plus tard le rock et Elvis Presley.

En face, juste au-dessus des bains-douches, habitaient le « Pied-bot » et sa fille Christine qui portait une si jolie couronne de fleurs le jour de sa communion privée : comme nous, ils passaient l'été sur la côte basque, à quelques kilomètres seulement de Sefarad. Le dimanche, abba me conduisait cérémonieusement prendre l'apéritif, à l'*Orée du Bois* ou au *Murat*. Les pailles pour la grenadine étaient alors en paille. Au retour, nous nous arrêtions chez le patissier *Gutmann* puis chez le russe *Soukanoff* pour acheter notre collation du soir. Toujours ima se plut à coiffer court son « garçon manqué », à lui faire porter de petits pantalons. En 1956, au moment de Budapest, ils penseront sérieusement à adopter un petit Hongrois :

Ma mère est allée au marché pour acheter du charbon,
Elle m'a ramené un petit garçon de Pologne,
Oh, comme il est beau et charmant ce petit gars,
Avec ses petits yeux noirs, mon petit chat à moi[4].

Puis ce furent la rue Molitor, les années « Diabolo menthe ». J'eus enfin la jouissance d'une chambre seule. Abba, lui, dut encore camper sur le divan du salon. Ma chambre donnait sur la villa Molitor, juste au-dessus des jardins d'un comte dont j'épiais les réceptions très collet monté. Un peu plus loin, au fond de l'allée, l'hôtel particulier de Marie-France, et la cave où je falsifiai tant de carnets de classe, les premières surprises-parties. Sur le trottoir d'en face, côté pair, l'hôtel d'Irène. En face du métro, l'appartement d'Élisabeth, dont le père, un veuf alsacien trapu, me faisait penser à M le Maudit.

Je me souviens de ma découverte des *Claudine à l'école*, de *Jeunes filles en uniforme*, de *Dialogue des carmélites*, de la chanson d'*Exodus*, du « Chant des partisans », de « Sag warum ». Je payais Josette en bonbons Gaucho de *Murat-Délices* pour qu'elle fasse ma couture ! Monique ne se lassait pas de me raccompagner jusqu'au pied de mon immeuble, mais quand venait l'heure de « Salut les copains », je la quittais lâchement. Je me souviens de la patinoire Molitor et de l'odeur du magasin Schmidt où je faisais affûter mes lames, du rond-point de la Muette et de sa bande de petits cons, du drugstore des Champs-Élysées où l'on allait chercher les adresses des boums du dimanche en dégustant un banana-split, plus tard du *Scossa*, place Victor-Hugo.

Au sortir de la projection de *Nuit et Brouillard*, j'eus mes premières règles. Ima, très fière, s'empressa de claironner la nouvelle à ses sœurs, à ses amies : « Sara est devenue jeune fille ! » Elle m'apprit comment me harnacher, mais me prévint : « Demain matin, si tu n'y arrives pas, surtout ne me réveille pas, demande à ton père ! » Au lycée, chacune guettait l'apparition chez sa voisine du premier soutien-gorge Teenform, sous l'affreuse blouse bise aux initiales brodées de rouge ou de bleu, selon la semaine, et dans les poches de laquelle gisait pêle-mêle avec les rognures de taille-crayon, l'appareil dentaire de l'enfance.

C'est devant le kiosque à journaux du métro Michel-Ange-Molitor, un matin comme les autres alors que je me rendais au lycée, que je lus en gros titres gras : « Eichmann pendu ». Le soir, abba avait l'air soulagé.

Les années twist ne durèrent que le temps d'un redoublement. Je rencontrai tout ensemble l'amour, la littérature, *La Règle du jeu*, *L'Amour fou*, *Tous les garçons s'appellent Patrick*, *Hitler, connais pas*, la philosophie… bientôt Nanterre-la-folie. Lorsque abba crut comprendre que je n'étais plus vierge, d'abord il pleura.

A la una yo nasi,
A las dos me engrandesi,
A las tres tomi amante…

« Je suis née à une heure,
A deux heures j'avais grandi,
A trois heures pris un amant[5]… »

Je me souviendrai toujours de cette plage près d'Athènes où je vis s'éloigner de moi comme dans un rêve fellinien en noir et blanc, mes parents graves et muets, ensemble, côte à côte, unis, semblait-il, dans leur désarroi. J'appris qu'en Orient on recousait les hymens.

« Ima est là ? », m'enquérais-je sitôt rentrée du lycée et à peine les Rosario, Amparo et autres Clementinas en blouse rayée rose ou bleue, selon la semaine, m'avaient-elles ouvert la porte. Ima n'était pas souvent là. Quand c'était le cas, elle cultivait la présence-absence : derrière une porte obstinément fermée, une gisante fixait de ses yeux déçus et vides une fenêtre qui n'ouvrait sur rien. Je ne m'étais jamais habituée aux disparitions aussi soudaines que répétées d'ima – l'automne est une mauvaise saison pour les dépressifs. Les électrochocs étaient alors une thérapie à la mode, jamais on ne proposa à ima une « cure par la parole ». De même l'ergothérapie connaissait une grande vogue : ima était toute contente d'avoir appris à tresser des paniers. Elle passait généralement trois semaines en « cure de sommeil » où on tentait de lutter contre ses insomnies chroniques. Je me souvenais pourtant du rituel minutieusement accompli dans notre chambre longtemps partagée, de l'odeur fétide des Supponéryl que celle de la lavande imbibée sur le mouchoir pressé contre le nez ne parvenait pas à dissiper. De la rangée de fioles et de compte-gouttes sur leur cheminée, de l'infusion qu'ima faisait bouillir sur un petit réchaud de fortune même dans ses villégiatures, des longues heures de lecture au cœur de la nuit : pour ne pas me déranger, ima posait alors sur l'abat-jour un papier journal, une mousseline, qui souvent prit feu.

On n'avait pas le droit de visiter ima à la clinique de Meudon, pas davantage de lui téléphoner : son « état » exigeait qu'elle coupât les ponts ! Parfois pourtant, quand l'absence s'éternisait, abba passait outre les interdictions. Le dimanche, il me menait devant le long mur, et me hissait sur le toit de la Simca. Entre le rideau d'arbres du parc si grand, du haut d'une fenêtre d'un de ces nombreux pavillons, j'entrapercevais alors une main dolente qui s'agitait dans notre direction, brièvement, si brièvement, puis la fenêtre se refermait, vite, si vite. J'avais le cœur serré lorsque nous reprenions le tunnel par où nous regagnions Paris. Toujours je détestai Meudon. Lorsque ima revenait, il ne fallait pas faire de bruit derrière cette porte à nouveau refermée. Lorsque le lithium apparut sur le marché, nous nous prîmes à espérer. Tu te soumettais scrupuleusement aux dosages complexes. Tu découvris le rire, tu repris goût à ta famille. Mais bientôt ta formule sanguine s'inversa : il fallut arrêter, l'errance entre les médicaments reprit.

Beaucoup plus tard, lorsque abba épuisé et presque rassasié de jours, capitula, ce fut moi qui conduisis ma mère à ses rendez-vous psychiatriques. Je me souviens de la dernière hospitalisation d'ima à la Salpêtrière. Le grand professeur me reçut, soulagé – « enfin quelqu'un de sensé dans cette famille ! » Puis, le diagnostic tomba, sec comme un coup de trique : « sénilité précoce », « démence sénile ». Tu n'avais que soixante-deux ans, pauvre chérie. D'autres suivirent : « clinophile » – tu paraissais en effet rassurée, plus sereine, entre les murs de tes prisons, à l'abri de la tendresse de Jacob – « maniaco-dépressive ». Tu perdis la marche, puis l'envie de parler, tu devins une forme sous un drap. Tu refusas de manger. « Tu es folle, folle comme ta mère », me lança ma propre tante Sultana, un soir.

Quel *dibuk* avait bien pu posséder ima lorsqu'elle s'était ruée sur moi, toute petite encore, en m'enfournant le poivrier dans la bouche après que j'eus de ma petite pelle d'enfant brisé le mica de la salamandre dans mon impatience à sortir ?

Quel dibuk pouvait bien posséder Esther, prostrée des dimanches entiers dans le lit bateau d'acajou sur les rebords duquel je faisais des glissades pour passer le temps ?

Dibuk d'Esther dont j'appris en feuilletant les comptes rendus d'hospitalisation psychiatrique, qu'elle voulait se convertir – mais pourquoi t'avaient-ils mise à Sion et non à l'Alliance ? –, qu'elle se prenait pour une sainte. Tu étais née, ima, le 17 mars 1921 : la date du génocide des Juifs résidant dans l'empire, préméditée par Aman le vizir perse, était fixée au 13 du mois d'adar (début mars). *Purim, purim lanou pesah en la mano*[6]. Purim, la plus joyeuse des fêtes juives, celle où l'on se fait des cadeaux de douceurs : *mandar plato... kon orejas de Aman*. Papou devait te lire la *megilla* d'Esther. A l'instar de la reine Esther, en changeant de nom, de prénom, de nationalité, souhaitais-tu dissimuler ton appartenance, ton origine ?

Dibuk d'Esther dont le corps strié de rayures enflammées lui attira pour seul diagnostic du grand professeur en dermatologie : « Au Moyen Age on vous aurait brûlée pour sorcellerie... » L'Inquisition ne s'acheva qu'en 1834... Un siècle plus tard, Hitler prenait le pouvoir.

Dibuk d'Esther convoquant la police alors qu'elle avait elle-même réussi du bout de ses doigts affreusement pris dans la polyarthrite qui la rongeait, à démonter les verrous de la porte d'entrée.

Dibuk pressenti de ma mère que j'étais allée cherchée pour se promener avec son petit-fils, entonnant ravie en pleine rue « Allons z'enfants... qu'un sang impur... ». 1447 : premiers statuts de limpieza de sangre. 1935 : lois de Nuremberg.

Dibuk d'Esther menaçant Jacob d'un couteau.

Dibuk d'Esther qui, au vu de la fumée s'échappant de la cheminée du cabinet du psychiatre pendant la consultation, ricanait aux « esprits », interprétant les sirènes d'ambulance comme autant de clochettes tintinnabulantes. On parlait à mots couverts d'une méningite à laquelle tu aurais réchappé dans ta petite enfance. « C'est peut-être héréditaire, c'est dans la famille... » m'écrivit ta cousine Beky à l'annonce des stations de ton calvaire : lorsqu'elle apprit le départ de sa fille pour Ankara, où elle se maria, la grand-mère paternelle de Beky ne s'écriait-elle pas à chaque instant : « Ah, voilà Vintoura ! Ah, elle est sur l'arbre, ne la voyez-vous pas ? » Comme toi, elle ne voulut plus manger…

Dibuk d'Esther – incapable d'appeler au secours ? – alors que Jacob gisait à demi inconscient dans sa baignoire depuis quarante-huit heures.

Adio, adio kerida,
No kiero la vida,
Me la amargastes tu…

« Adieu, ma chérie,
Je n'attends plus rien de cette vie,
Tu me l'as rendue trop amère [7]. »

Esterika, Rozika, ma petite ima chérie, que t'est-il arrivé ? Ce masque de sorcière, je ne le puis supporter. Ô les affreuses images que tu m'infliges ! Mais j'en ai encore tant d'autres de toi en réserve, ma jolie ima ! Quand tu étais si radieuse et que mes petits amis qui venaient me chercher pour aller danser – moi qui étais comme la monture de Mahomet, *ni pesce ni carne* – n'avaient d'yeux que pour toi, pauvre chérie qui dansait si peu dans ces hôtels de vieux comme tu disais ! *Com' è bella la tua mamma!* J'étais cruelle alors : *Se la vedessi la matina!* … Te souviens-tu de mes premiers twists à Saint-Tropez en pantalon marinette de *Chez Choses* ? Tu m'accompagnais dans les boîtes de nuit, et mes cavaliers avaient soin de danser un tango avec toi d'abord. Tu aimais aguicher mes amis : à Gstaadt tu t'étais montrée à l'un d'eux en chemise de nuit. Je portais alors de bien tristes dessous à côté des tiens. Tu ne voulais pas qu'on devinât mon ventre, mes seins, dans des vêtements trop moulants : tu te les réservais. Pourtant tu me traînais chez de grands faiseurs. J'étais couverte de soie, très BCBG. La couturière venait à domicile. L'esthéticienne et le masseur aussi. Dans cet appartement qui n'était même pas à nous, dans ces meubles que tu avais eu tant de mal et tant de plaisir à t'offrir et que je n'aurais même pas su te conserver, quand il a fallu… ma petite ima comme j'ai mal, je ne peux pas trouver le mot. Parfois, tu me demandais : « Combien de temps vais-je pouvoir rester ici ? Ai-je encore assez d'argent ? » Ma gorge se noue, ima. De quelle faute monstrueuse as-tu été punie là ?

Dans trois jours tu auras déjà cinq ans, ma petite morte. Cinq ans déjà que je ne pousse plus cette porte toujours ouverte, *Broca, 3e Est.* Mais comment peux-tu rester ainsi le dos tourné à la porte, sans curiosité aucune, sans peur aucune de qui peut bien venir t'agresser, sans essayer de te sortir de ta torpeur, de briser cette durée infinie rythmée par rien puisque tu ne sais même plus quelle année, quel jour, quelle heure il est, que tu ne le demandes même plus ? Mais pourquoi continuent-« ils » à t'offrir des calendriers ?

Cinq ans que tu ne délires plus sur le petit Benoît – Baruch ! – que tu aurais eu avec ton ami d'enfance Sadi Saban. Cinq ans que tu ne prétends plus que tu t'es remariée avec un autre que Jacob.

Cinq ans que je ne sanglote plus à l'arrêt du 83 qui me mène de la rue d'Assas au boulevard Arago, cinq ans que je ne fais plus le tour de Broca sans me décider à affronter l'insoutenable.

Cinq ans que je n'écoute plus ton infirmier, ce cher M. Perrot, m'énumérer toutes les catastrophes dont vous, ses « pensionnaires », êtes les survivants.

Cinq ans que j'ai désappris à être la mère de ma mère.

Cinq ans que je ne soliloque plus avec abba pour me justifier, pour l'assurer que tu n'es pas si mal « là-bas », à Pitchipoï.

Cinq ans que je suis orpheline. Cinq ans que j'ai appris que les mères sont mortelles. Cinq ans que je n'ai plus de passé. Cinq ans que je ne suis plus l'enfant de personne.

Cinq ans que plus personne ne m'a parlé de toi, de vous. *No yores, mi alma.*

Kipur 5760. *Shana tova!* ça s'écrit bien comme ça ? Cette année encore je passerais donc les fêtes seule, seule à écouter le Kol-Nidreï sur Radio J, seule exclue de la « communauté » ? Je n'avais jamais su ce qu'appartenir à la communauté, appartenir à une communauté quelconque, dire « nous », voulait dire. Seule sur la tombe de mes parents, à moins qu'une fois encore je ne sursoie au rendez-vous ? Je n'avais jamais pu me résoudre à rendre visite à mon père, pas davantage à ma mère lorsque celle-ci à son tour m'avait abandonnée. Que pouvait-il bien se passer à l'intérieur ? Au fond, tout au fond, la grand-mère Rébecca, haïe d'ima, celle qu'on avait laissé mourir à l'hôtel, boulevard Richard-Lenoir, à côté du bureau d'abba, qui lui rendait visite matin et soir. Au-dessus, abba. Au premier niveau, ima. Se querellaient-ils encore ? Concession centenaire. Pas un seul petit caillou n'atteste votre mémoire. Et moi, où irai-je ? Il n'y a plus de place pour moi. Brûlée ? Pas pour une Juive.

– Vous êtes éternels, vous ne mourrez jamais, vous ne me laisserez pas seule, vous ne pouvez pas me faire cela, trépignais-je, enfant.

– *Kukla mia, kokona*, il faudra bien que tu te débrouilles toute seule, m'assurait abba en m'attirant sur ses genoux si chauds.

Ne pouvant surmonter la mort de mes parents, il avait fallu que je parte à leur recherche, que je m'approprie leur vie, leur vie d'avant ma venue au monde. Que fait-on devant une tombe lorsqu'on ne sait pas prier ? On se souvient. Il n'était pas un seul jour où je ne pensais à eux, où je ne me souvenais d'un jour heureux, d'une chanson, de la mélancolie de ma mère, des yeux, de la voix de mon père, de ses mains, de son sourire. Que ferais-je sur cette tombe ? Comment prier ? Quels mots choisir ? Quelle langue ? Je leur dirais combien ils me manquaient, combien je n'arrivais pas à vivre leur absence, je leur dirais les mots qu'ils me disaient petite, adolescente, je leur dirais le temps perdu à ne pas oser leur dire combien j'étais proche d'eux, pourquoi j'avais si longemps feint l'indifférence et le mépris. Je leur dirais combien leurs querelles passionnées, leur sens du drame qui m'épuisaient me manquaient maintenant.

Ce Yom Kipur, j'irai, je leur dirai, sans faute, à moins que je ne sois à Jérusalem… *Al anyo ke viene en tyerra de Israel*, l'an prochain à Jérusalem, promesse renouvelée à mon cousin Tico qui me pressait, il n'était plus si jeune…

1. Chanson enfantine du Maroc, interprétée par Fortuna, *Cantigas*, São Paulo.

2. E. Saporta y Beja, *op. cit*,

3. « Mi Suegra » (Orient), *Chansons judéo-espagnoles* interprétées par Hélène Engel, Autour du Monde.

4. « Die Mame ist gegangen », *Folklore yiddish*, chant interprété par Talila et l'ensemble Kol Aviv Ott Azoï, Arion 1977.

5. « A la una yo nasi », *Kantes djudeos espanyoles* interprétés par Fortuna, La Prima Vez, São Paulo.

6. Petite ritournelle que l'on chante à la veille de Purim pour célébrer la venue du printemps et annoncer l'approche des fêtes de Pâque.

7. « Adio kerida », *Chansons judéo-espagnoles*, interprétées par Hélène Engel, Autour du monde.

GLOSSAIRE DES TERMES ÉTRANGERS

abba : papa (hébreu).

abjuratio de levi : Abjuration légère (latin d'Église).

abjuratio de vehementi : Abjuration violente (latin d'Église).

Abtransport : ordre de transport, d'évacuation (allemand).

abudaraho : poutargue (judéo-espagnol).

adar : mois du calendrier hébreu, correspondant grosso modo à mars (hébreu).

Adonai Elohenou : l'Éternel, notre Dieu (hébreu)

akeret habayit : la maîtresse de maison (hébreu).

al anyo ke viene en tyerra de Israel : l'an prochain à Jérusalem (judéo-espagnol).

alboraycos : épithète disqualifiante pour désigner les néo-convers (espagnol).

alevantamos el göç : on part en exil (le dernier mot est turc).

al ijo bohor : au fils aîné (judéo-espagnol).

aljama : de *qahal* (hébreu), « communauté ».

am ehad, safa ahat : un peuple, une langue (hébreu).

aman, aman, aman : Pitié, pitié, pitié ! (arabe, litt. « pardon »).

anyos de vida ke le kontes : qu'elle vive longtemps ! (judéo-espagnol).

apyo : céleri (espagnol).

araba (la) de la tchika : la voiture de la petite (judéo-espagnol).

asi bivas tu ! : jure-le sur toi-même (judéo-espagnol).

audiencia de la carcel : audience de prison (espagnol).

audiencia publica o continua : l'audience publique (espagnol).

Ausweis : laissez-passer (allemand).

auto da fe : autodafé, proclamation solennelle du jugement de l'Inquisition (le mot est portugais, puis a essaimé).

avia sekolos ke la Espanya era su patria : l'Espagne était leur patrie depuis des siècles (espagnol).

avvocato : avocat (italien).

ay de mana! Maneate, pateha : allez maman ! remue-toi, lourdaude (judéo-espagnol).

ay de mi! : Pauvre de moi ! (judéo-espagnol).

ay, madre mia kerida : ah, maman chérie ! (espagnol).

ayin ara : mauvais œil, voir *ojo* (hébreu).

baal teshuva : celui qui sort de l'état de péché et fait « retour » à la religion (hébreu).

bagnini : le personnel de plage (italien).

banamelololo : propos vains par lesquels on tente de leurrer quelqu'un (turc).

bar mitsva : cérémonie célébrant l'accès à la majorité religieuse des garçons à l'âge de treize ans (araméen-hébreu, litt. « fils du commandement »).

bat mitsva : cérémonie au terme de laquelle la jeune fille accède elle aussi à la majorité à l'âge de douze ans (hébreu, litt. « fille du commandement »).

benadam : très distingué (judéo-espagnol, de l'hébreu « fils de l'homme », d'où « vraiment homme », homme de bien).

benditcho, benditcha : bénie(e). *Benditchas las manos ke tal fizieron* : bénies soient les mains qui ont fait cela ! *Benditcho seas, Dyo ke no me fizites mujer* : bénis sois-tu, Seigneur, qui ne m'as pas fait fille ! (judéo-espagnol).

bestya kon figura de benadam : bête à figure humaine (judéo-espagnol).

beza mezuza i arova pitas : il embrasse la mezuza (voir ce mot) tout en volant du pain (judéo-espagnol).

bibas, kreskas, i grandeskas! : à tes souhaits (judéo-espagnol, litt. « que tu vives, croisses et grandisses ! »).

borekitas : chaussons fourrés au fromage (judéo-espagnol).

bravo cherika mia : bravo ma chérie (judéo-espagnol).

brit mila : cérémonie de la circoncision (hébreu).

buen, buena : bon. *Buen banyo (un)* : un bon bain (espagnol); *buenas noches, mana* : bonne nuit maman; *de buena famiya* : de bonne famille; *hadas, hadas, hadas buenas ke te vengan* : que les bonnes fées t'accompagnent; *ke lo bueno!* : quel amour! ; *oras klaras, oras buenas* : à tes souhaits; *semanadas buenas i claras, shabat shalom* : que votre semaine soit bonne et pure, que la paix du shabat soit sur vous (judéo-espagnol).

castillo : château (espagnol).

charope blanko : confiture à base de sucre et de citron (judéo-espagnol).

chkenazia : (femme) ashkénaze (judéo-espagnol).

chuetas : épithète infamante pour désigner les convertis de Majorque (judéo-espagnol).

çifut : nom que les Turcs donnent par dérision aux Juifs, déformation de *gihud* (turc).

com' è bella la tua mamma! : comme ta mère est belle (italien).

como te llamas? : comment t'appelles-tu? (espagnol).

conejo : lapin (espagnol).

contra fama y memoria : contre la réputation et la mémoire (espagnol).

convencido o probado : convaincu, avéré (espagnol).

conventiculo : réunion secrète des crypto-juifs (espagnol).

cristianos nuevos : nouveaux chrétiens (espagnol).

cristianos viejos : vieux chrétiens (espagnol).

dechala : laisse-la (judéo-espagnol).

de mi pueblo : de mon peuple (judéo-espagnol).

dibuk : esprit malfaisant qui prend possession du corps d'un être vivant (yiddish).

djudyo : la langue castillane que parlaient les exilés d'Espagne et à laquelle se sont mêlés de nombreux vocables des pays dans lesquels ils émigrèrent. A distinguer du *ladino*, lequel, au sens strict, désigne la langue-calque faisant correspondre invariablement un mot judéo-espagnol à chaque terme hébraïque (judéo-espagnol).

Dönme : ceux qui se sont tournés (turc).

el Dyo ke te eskape de ojo malo... : voir *ojo, infra.*

el ke tyene ija... : voir *ija, infra.*

è morto il nonno : son grand-père est mort (italien).

en riva... : voir *ija*, *infra*.

es djudyo! i de Stambol! : c'est un Juif de Stamboul (judéo-espagnol).

este es de mi pueblo : il est de mon peuple (judéo-espagnol).

eyos tengan bien i mosotros tambien : qu'ils soient heureux et nous de même (judéo-espagnol).

filas : pâte feuilletée (judéo-espagnol).

fuero : charte municipale, droit coutumier (espagnol).

garvanso : pois chiche (espagnol).

gefährlich : dangereux (allemand).

gelato al limone : glace au citron (italien).

gente menuda : la populace (espagnol).

goy : (pluriel : *goyim)*, non juif, appartenant aux « nations » (hébreu).

gueso ajeno : pièce rapportée (judéo-espagnol).

Gymnasium : lycée (allemand).

hadas... : voir *buen, supra.*

hagada : récit lu lors du repas célébrant les deux premiers soirs de la Pâque (hébreu).

halakha : droit rabbinique fondé sur les six cent treize commandements de l'Ancien Testament qui déterminent tous les aspects de la vie quotidienne (hébreu, litt. « cheminement »).

halva : pâtisserie à base de miel (turc).

Hanuka : fête des Lumières commémorant huit jours de suite la victoire des Maccabées contre l'occupation et la politique d'hellénisation d'Antiochos IV Épiphane (hébreu).

haroset : mélange de pommes, noix, cannelle et vin en souvenir du mortier utilisé par les esclaves hébreux pour construire les villes de Pharaon, et dans lequel on trempe les herbes amères lors du *seder* pascal (hébreu).

hembra : femme (espagnol); *la hermosa hembra* : la belle femme.

hommous : purée de pois chiches (dialectal oriental).

hürryet i vatan : liberté et patrie (turc).

ija : fille ; entre dans diverses expressions et proverbes.

– *la ija de las vejes* : la fille de mes vieux jours ;

– *ija del baba !* : fille de ton père ! ;

– *el ke tyene ija de kazar i no la kaza, se kaza sola !* : celui qui a une fille à marier et qui ne la marie pas court le risque qu'elle ne se marie toute seule ;

– *ya basta, ija de un mamzer* : ça suffit, fille illégitime (judéo-espagnol ; le mamzer, hébreu « bâtard », passant cependant pour être remarquablement astucieux) ;

– *tyene ijas, tyene ansyas* : qui a des filles a des soucis ;

– *tres ijas i una madre, mala vida por su padre* : trois filles et leur mère, quelle mauvaise vie pour le père ;

– *en riva de kyen kuzgo ? En riva de la ija de el Rey de Fransa. Eya tenga tus ansyas, i tu sus ganansyas* : Sur qui suis-je en train de coudre ? Sur la fille du roi de France : qu'elle prenne en charge tes soucis, et puisses-tu recevoir ses avantages (judéo-espagnol).

ijo : fils.

– *ijo mio a la eskola tu te iras, i el tudesko te ambezaras* : mon fils, tu iras à l'école et tu apprendras l'allemand ;

– *ijo regalado* : fils unique (judéo-espagnol).

ima : maman (hébreu).

iman baïldi : plat d'aubergines ainsi nommé, parce que, dit-on, l'imam s'en régala au point de s'évanouir (turc).

juderia : quartier où résidait la communauté juive (espagnol).

kadish : prière des morts (hébreu, « sanctification »).

kak vy pojivayétié, babouchka ? : comment vas-tu, grand-mère ? (russe).

kaminos de letche i myel ! : que ta route soit pavée de lait et de miel (judéo-espagnol).

karet : châtiment divin (hébreu).

kasher : qui appartient à la *kashrout*, ensemble des prescriptions religieuses concernant l'alimentation et distinguant notamment entre animaux « purs » et « impurs » (hébreu).

kaymak : crème très épaisse, à base de riz (turc).

kefte : boulettes de viande (turc).

ke haber, kerida : comment vas-tu, chérie ? (judéo-espagnol).

kehila (pluriel : *kehilot)* : communauté (hébreu).

ke lo bueno ! : voir *buen, supra.*

ketuba : contrat de mariage (hébreu).

kipa : petite calotte dont les Juifs pieux se couvrent la tête (hébreu).

Kipur : jour du Grand Pardon fixé au 10 du mois de tishri (septembre-octobre), où l'on jeûne en signe de repentance (hébreu).

Kol-Nidreï : « tous les engagements », premier office de la veille du jour de Kipur, qui permet à tous les fidèles de se délier de « tous vœux, obligations, serments, promesses et engagements » à caractère religieux contractés pendant l'année, s'ils l'ont été involontairement ou sous la contrainte, témoin les marranes (araméen).

kon eskarinyo : avec nostalgie (judéo-espagnol).

kon salud i kon vida ! : puisses-tu vivre en bonne santé (judéo-espagnol).

kriatura (la) ... dos grandes ojos... : voir *ojo, infra.*

kukla mia, kokona : ma poupée, ma chérie (judéo-espagnol).

kurabiyes : pâtisseries, dites aussi cornes de gazelle (turc).

kyen tyene mujer ermoza, ke la tenga byen guardada : qui a une femme, qu'il la tienne bien enfermée ! (judéo-espagnol).

kyen mal te kere? kyen mal mos kera?: qui peut te, nous, vouloir du mal ? (judéo-espagnol).

kyeres un bonbon, hanum, hanumika? : veux-tu un bonbon, ma petite chérie ? (judéo-espagnol ; *hanum*, turco-persan).

laban : yaourt très épais qu'on découpe au couteau (turc).

le bezo las manos, senyor padre : je baise vos mains, Monsieur mon père (judéo-espagnol).

Lejli : Polonais (turc).

liebre : lièvre (espagnol).

limpio : pur ; *limpieza de sangre* : pureté de sang (espagnol).

lindo : beau (espagnol).

magen David : l'étoile de David (hébreu).

malebis : petites crèmes (judéo-espagnol).

malos cristianos : mauvais chrétiens (espagnol).

malsin : mouchard (espagnol).

mandar plato... kon orejas de Aman : offrir une pâtisserie en forme d'oreilles rappelant celles d'Aman. Sur ce dernier, voir *megila*, *infra* (judéo-espagnol).

mangal : poêle au charbon de bois (turc).

ma nichtana : en quoi (cette nuit) est-elle différente (des autres)? (hébreu, début de la *Hagada*, voir ce mot).

manzanikas koloradas, las ke vienen de Stambol : rouges, les petites pommes de Stamboul (judéo-espagnol).

maravedi : monnaie frappée en Espagne qui fut en vigueur jusqu'en 1848 (espagnol).

maşallah : que Dieu soit loué ! (turc); *maşallah, estos i muntcho* : bravo, je te souhaite beaucoup d'autres bonnes choses (judéo-espagnol).

matanza : massacre (espagnol).

mazal tov! : bonne chance ! (hébreu).

megila : rouleau de parchemin, en particulier le rouleau d'Esther lu lors de *Purim*, la « fête des sorts », qui commémore le sauvetage des Juifs dont Aman, ministre d'Assuérus projetait l'extermination, par Esther et Mardochée (hébreu).

meldado : veillée de prières consacrée à l'anniversaire de la mort (judéo-espagnol).

me llamo... : je m'appelle... (espagnol).

merenda : goûter (espagnol).

meza franka : la table franche (judéo-espagnol).

mezuza : rouleau de parchemin fixé sur le montant droit des portes des maisons juives et qui contient des versets du Deutéronome (hébreu).

michpaha : famille (hébreu).

mikve : bain rituel (hébreu).

minyan : quorum de dix mâles juifs ayant accompli la *bar mitsva* nécessaire pour dire le *kadish* (hébreu).

mi padre me kazava i yo no lo savia : mon père me mariait à mon insu (judéo-espagnol).

mitsva (pl. *mitsvot)* : devoir religieux commandé par la Tora. Dans le langage courant, bonne action (hébreu).

modrisko : un baiser qui ressemble à une morsure (judéo-espagnol).

moshav : village-ferme de Palestine (hébreu).

nasido al kanton : celui qui est né à l'écart, abandonné (judéo-espagnol).

ninya : fillette. *La ninya en la facha, la achugar en la kacha* : la fille est encore dans les langes qu'il faut préparer son trousseau (judéo-espagnol).

ni pesce ni carne : ni poisson ni viande (italien).

nono, *nona* : grand-père, grand-mère (italien déformé).

no te merekyes, hanum : ne te tracasse pas, ma petite femme (judéo-espagnol).

no yores, mi alma : ne pleure pas, mon âme (judéo-espagnol).

nuera (la)... : voir *suegra*, *infra.*

ojo : œil (espagnol). Entre, au propre ou au figuré, comme *aynara*, voir ci-dessus, dans diverses expressions :

– *ojo el Dyo ke te eskape de ojo malo i de ayin ara !* : que Dieu nous garde du mauvais œil ;

– *ojo malo, avla mala, ayin ara ke no mos toke* : que le mauvais œil, la mauvaise parole et le regard envieux ne nous atteignent pas !

– *la kriatura... dos grandes ojos pretos komo azeytunes de Volo* : l'enfant... deux grands yeux noirs comme des olives de Volos ;

– *tus ojos no veyan mal !* : que tes yeux ne voient jamais le mal ! (judéo-espagnol).

o ke lo vide, o ke no lo vide / Siera amalgado kon el polvo della tyerra : on le voit ou on ne le voit pas, il s'est mélangé avec la poussière de la terre (judéo-espagnol).

oras klaras... : voir *buen*, *supra.*

pan senzeno : pain azyme (judéo-espagnol).

paras (las) : l'argent (judéo-espagnol).

parasha : chacune des cinquante-deux « péricopes », ou divisions hebdomadaires des cinq premiers livres de la Bible (hébreu).

pastelikos : petits gâteaux (judéo-espagnol).

Pesah : la Pâque juive (célébrée au printemps, le 15 du mois de nisan), commémorant la fin de l'esclavage des Israélites en Égypte (hébreu).

peshkado liso : poisson sans écailles (judéo-espagnol).

primo : cousin ; fém. *prima* (espagnol).

quemadero : bûcher (espagnol).

raza : la race (espagnol).

reconciliación, reconciliada : réconciliation, réconciliée (espagnol).

Reconquista : reconquête de la péninsule Ibérique par les rois chrétiens sur les musulmans; commencée au VIIIe siècle, elle s'acheva par la prise de Grenade en 1492 (espagnol).

relajación : le fait de livrer les victimes de l'Inquisition au bras séculier (espagnol).

restecada : sauvée, réchappée (judéo-espagnol).

Rosh-ha-shana : Nouvel An juif, célébré les 1er et 2 du mois de tishri (généralement à cheval sur septembre-octobre) (hébreu).

sadik ou tsadik : juste (hébreu).

salveconducto : sauf-conduit (espagnol).

sanbenito : sac bénit (espagnol). L'origine de cette pratique, se revêtir d'un sac de bure brune barré de croix jaunes que les pénitents devaient porter un ou deux ans, à la porte de l'église ou sur les marches de l'autel, remonte à l'Ancien Testament, Achab ayant été condamné à s'habiller ainsi pour avoir mal acquis la vigne de Nabot (1 Rois 1, 21).

seder : repas de Pâque se déroulant selon un « ordre » bien précis (hébreu).

sefarad tahor : sépharade pur (hébreu).

se la vedessi la matina! : si tu la voyais le matin (italien).

semanadas buenas... : voir *buen, supra.*

señal real : sceau royal (espagnol).

sentencia de prueba : les preuves (espagnol).

shabat : jour saint, du vendredi soir au samedi soir (hébreu).

shana tova : bonne année (hébreu).

Shema Israël : « écoute, Israël », Deutéronome 6, 4 (hébreu).

shiduch : marieur (hébreu).

shofar : corne de bélier dont on sonne, notamment à *Rosh-ha-Shana* et pour marquer la fin du jeûne du *Kipur* (hébreu).

simha : la joie (hébreu).

siniza i fumo : cendre et fumée (judéo-espagnol).

sinoga : synagogue (vieil espagnol).

son de los muestros : ils sont des nôtres (judéo-espagnol).

sos de la grande famiya? : fais-tu partie de la grande famille ? (judéo-espagnol).

sospechosos en la fé : suspects quant à leur foi (espagnol).

sposika : petite épouse (judéo-espagnol).

Stubawas : responsables de chambrée (allemand).

suegra : belle-mère (judéo-espagnol). *La nuera traye achugar de oro i de marfil, la suegra tyene syempre ke dizir* : la bru apporte un trousseau d'or et d'ivoire, mais la belle-mère trouve toujours à redire.

suspectus violenter : violemment suspect (latin d'Église).

Talmud Tora : écoles communautaires où l'on étudie Le texte de la Loi (hébreu).

tchay : thé (turc).

tevila : désigne l'acte de s'immerger pour redevenir juif (hébreu).

Tish'a be-av : 9 du mois d'av (juillet-août) qui commémore la destruction du premier Temple (-586) et celle du second Temple (-70) (hébreu).

tocino : lard (espagnol).

Tora : désigne la « doctrine », les cinq livres de la « loi », le *Pentateuque* (hébreu).

tornadizos : volages, versatiles (espagnol).

tres ijas… : voir *ija, supra.*

trontcho : trognon (judéo-espagnol).

Tsahal : acronyme de *Tseva Hagana le-Yisrael*, l'armée de défense israélienne (hébreu).

tsio, tsia : *oncle*, tante (déformation de l'italien *zia*).

tu boka koma miel : de ta bouche sortent des paroles douces comme le miel (judéo-espagnol).

Tudeskos : Allemands, ashkénazes (judéo-espagnol).

tus ojos… : voir *ojo, supra.*

tyene ijas… : voir *ija, supra.*

uevos jaminados : œufs marinés (judéo-espagnol).

ya vino el ninyo! En bien sea venido! : un fils nous est né, qu'il soit le bienvenu ! (judéo-espagnol).

yalis : palais de bois bordant le Bosphore (turc).

yangin var! : Au feu ! (turc).

yo te bendigo... amen! : je te bénis, amen (judéo-espagnol).

zakhor : souviens-toi (hébreu, impératif masculin ; à sa fille, abba eût pu dire *zekhri*, mais il simplifie).

zito! : viva ! (turc).

zloty : unité monétaire polonaise (polonais).

OUVRAGES DE RÉFÉRENCE NON CITÉS DANS LES NOTES

En ce qui concerne la graphie du judéo-espagnol, nous nous sommes réglée sur les ouvrages suivants :

Attias, Jean-Christophe et Benbassa, Esther, *Dictionnaire de Civilisation juive*, Larousse-Bordas, 1997.

Nehama, Joseph, *Dictionnaire du judéo-espagnol*, Madrid, 1977.

Perahya, Klara et Élie, *Dictionnaire français-judéo-espagnol*, Langues Mondes, L'Asiathèque, Paris, 1998.

Vidal Sephia, Haïm, *Le Judéo-espagnol*, Ententes, Paris, 1986.

Benbassa, Esther, *Un grand rabbin sépharade en politique, 1892-1923*, Presses du CNRS, 1990.

–, *Une diaspora sépharade en transition. Istanbul* XIXe-XXe *siècle*, Cerf, 1993.

Boulanger, Gérard, *Maurice Papon, un technocrate français dans la collaboration*, Seuil, 1994.

Cirac Estopanan, Sebastian, *Registro de los documentos del Santo Oficio de Cuenca y de Siguenza*, Tomo I, *Registro General de los Processos de Delitos y de los Expedientes de Limpieza*, Cuenca-Barcelona, 1965.

Collectif, *Dossier Les Juifs de France*, Desclée de Brouwer, 1995.

Collectif, *Les Juifs d'Espagne, histoire d'une diaspora, 1492-1992*, Liana Lévi, 1992.

Encyclopedia Judaïca.

Encyclopedia Judaïca Castillana.

Eymerich, Nicolau, *Le Manuel des Inquisiteurs, avec les commentaires de*

Francisco Pena. Introduction, traduction et notes de Louis Sala Molins, Mouton, Paris-La Haye, 1973.

Garcia-Arenal, Mercedes, *Inquisición y moriscos, los processos del tribunal de Cuenca*, Siglo XXI Editores, mai 1978-1983.

Gœtschel, R. (sous la direction de), *1492, l'expulsion des Juifs d'Espagne*, Maisonneuve et Larose, 1996.

Graetz, Heinrich, *Histoire des Juifs*, t. IV, *De l'époque du gaon Saadia (920) à l'époque de la Réforme (1500)*, trad. Moïse Bloch, Paris, 1893.

Kedourie, Élie, *Le Monde juif. Histoire et civilisation du peuple juif*, Fonds Mercator, Thames and Hudson, London, 1979.

Kriegel, Maurice, « La prise d'une décision, l'expulsion des Juifs d'Espagne en 1492 », *La Revue historique*, vol. CCLX, 1re partie, n° 527, juillet-septembre 1978.

–, *Les Juifs à la fin du Moyen Age dans l'Europe méditerranéenne*, Hachette, 1979.

Lacave, José Luis, « L'Espagne à la découverte du séfardisme », *Les Nouveaux Cahiers*, 62, 1980, 9-44.

Lea H. C., *Histoire de l'Inquisition au Moyen Age*, 3 vol., trad. Salomon Reinach, Jérôme Millon, 1988.

Leroy, Béatrice, *Les Juifs dans l'Espagne chrétienne avant 1492*, Albin Michel, 1993.

Lévi, Albert, *Les Vestiges de l'espagnol et du portugais chez les Israélites de Bayonne. Le Cimetière israélite de Labastide-Clairance*, Bayonne, Imprimerie du Courrier, 1936.

Lopez Mateo, *Memorias historicas de Cuenca y sú obispado*, edición de Angel Gonzalez Palencia, Madrid, 1949.

Lopez Martinez, Nicolas, *Los Judaizantes Castellanos y la Inquisición en tiempo de Isabel la Catolica*, Burgos, 1954.

Mechoulan, Henry, *Le Sang de l'autre ou l'Honneur de Dieu (Indiens, Juifs et morisques au Siècle d'or)*, Fayard, 1979.

Mitre Fernandez, Emilio, *Los Judios de Castilla en tiempo de Enrique III. El Pogrom de 1391*, Estudios de Historia Medieval, Universidad de Valladolid, 1994.

Morin, Edgar, *Vidal et les siens*, Le Seuil, Paris, 1989.

Moulinas, René, *Les Juifs du Pape. Avignon et le Comtat Venaissin*, Albin Michel, Paris, 1992.

Muñoz Soliva, Trifon, *Historia de la muy Noble y Leal ciudad de Cuenca y del territorio de su provincia y obispado desde los tiempos primitivos hasta la edad presente*, Cuenca, 1866.

Ouahnon, Josette, « La politique de l'Espagne à l'égard des Juifs de 1925 à 1945 », *Les Nouveaux Cahiers*, 62, 1980, 9-44.

Parondo, C. C., « Un judio castellano frente a la Inquisición », *Cuadernos de Jerusalem*, n° 4, 1977.

–, « Los clerigos judaizantes de Huete », *Annuario de estudios medievales*, Consejo Superior de Investigaciones Cientificas. Barcelone, Madrid, 1982.

Pérez, Joseph, *Historia de una tragedia. La expulsión de los Judios de España*, Critica, Barcelone, 1993.

Perez Ramirez Dimas-Jimenez Monteserin Miguel, « Cuenca ; la sinagoga de Cuenca, iglesia de Santa Maria la Nueva », *Revista Cuenca* nos 19 y 20, Año 1982. Editadas por la Excma. Diputación Provincial de Cuenca.

–, « Ruta de la Inquisicion en Cuenca », *La Inquisición española. Nueva vision, nuevos horizontes*, (Joaquim Perez Villanueva, director del Volumen), Siglo Veintiuno de España Editores, SA.

Roth, Philip, *Patrimoine. Une histoire vraie*, Gallimard, Paris, 1992.

Sefarad, revue.

Steinsaltz, Adin, *Hommes et Femmes de la Bible*, trad. Katy et Michel Allouche, Albin Michel, 1990.

Suarez Fernandez, Luis, *Les Juifs espagnols au Moyen Age*, trad. fr. Gallimard, 1980.

–, *Documentos acerca de la expulsión de los Judios*, Valladolid, 1964.

Torres Fontes, Juan, « Moros, judios y conversos en la regencia de don Fernando de Antequera », *Cuadernos de Historia de España*, XXI-XXII, 1960, 0-97.

Valmana Vicente, Alfredo, *El fuero de Cuenca*, Introducción, traducción y notas. Editorial Torno Alicante 2, Cuenca, 2e édition, 1978.

Vidal Sephia Haïm, *L'Agonie des judéo-espagnols*, Ententes, Paris, 1977.

Vincent Bernard, *1492, Annus mirabilis*, Aubier, 1991.

Wigoder, G. (sous la direction de), *Dictionnaire encyclopédique du judaïsme. Esquisse de l'histoire du peuple juif*, Cerf, 1993.

TABLE

DU MÊME AUTEUR

Hannah Arendt. Identité et Mémoire
Belfond, coll. « Les Dossiers », 1994,
rééd. Hachette, coll. « Pluriel », 1998

Trois Femmes dans de sombres temps :
Edith Stein, Hannah Arendt, Simone Weil,
ou *Amor fati, amor mundi*
Albin Michel, coll. « Idées », 1997

Le Souci du monde.
Dialogue entre Hannah Arendt
et quelques-uns de ses contemporains
Vrin, coll. « Pour Demain », 1999

DANS LA MÊME COLLECTION

AUX ÉDITIONS PHÉBUS

Tereska Torrès
Une Française libre
Journal, 1939-1945

Sarah Bernhardt
Ma double vie

Mary Jayne Gold
Marseille année 40

Cet ouvrage, réalisé pour le compte des Éditions Phébus,
a été reproduit et achevé d'imprimer
en février 2001
dans les ateliers de Normandie Roto Impressions S.A.
61250 Lonrai
N° d'imprimeur : 01-0353

Dépôt légal : mars 2001
I.S.B.N. : 2-85940-713-8
I.S.S.N. : 1621-0603